# 아하~ 전례!

# 아하~ 전례!

교 회 인 가 • 2025년 3월 13일
제1판 제1쇄 • 2025년 4월 11일
제1판 제2쇄 • 2025년 4월 21일
제1판 제3쇄 • 2025년 9월 19일

지은이 • 윤종식
펴낸이 • 최준규
펴낸곳 • 가톨릭대학교출판부
등 록 • 제300-1989-1호(1989년 1월 13일)
주 소 • 03083 서울시 종로구 창경궁로 296-12
전 화 • 02-740-9718
전 송 • 02-745-9793
전자우편 • cukpress@catholic.ac.kr
홈페이지 • http://press.catholic.ac.kr
인쇄제작 • 재영아트



ISBN 978-89-7108-392-5 03230

값 20,000원

# 아하~ 전례!

윤종식 지음

가톨릭대학교출판부

# 목 차

제2부

## '슬기로운 전례 상징'



제3부

## '아하~, 전례 공간'

# 책머리에

전례 강의를 시작하면서, 하는 말이 있습니다. "저에게는 작은 꿈이 있습니다. 고개를 절레절레하던 전례에 대해서 여러분이 강의를 다 듣고 난 다음에는 고개를 끄덕이며 이해를 하시며, '아하 전례'라고 탄성을 하면 좋겠습니다"라고 말합니다. 이 책을 읽는 분들도 읽으면서 '아하~!'라는 감탄사를 자주 외치시길 바라는 마음에서 '아하~ 전례!'라고 제목을 정했습니다. 세례를 받으면서 시작하는 교회에서의 전례 생활은 알 듯하면서도 정확히 설명하기가 쉽지 않은 주제입니다. 그래서 이 책은 전례에 대한 기본적인 이해를 도우려는 목적이 있습니다. 이런 이해가 바탕이 되었을 때 전례에 교우분들이 능동적으로 참여하기가 쉬워집니다. 그래야, '믿는 바'를 '기도'하고 기도한 것을 '생활'에 적용하는 성령의 인도를 따르는 전례 영성을 실현하면 좋겠다는 희망이 있습니다.

이 책은 레지오 마리애의 월간지 『성모님의 군단』에 3년 동안 게재했던 글과 『가톨릭신문』에 6개월 게재했던 글을 모아서 한 권으로 묶었습니다. 기본적으로 제1부 '응답하라, 전례', 제2부 '슬기로운 전례 상징', 제3부 '아하~ 전례 공간!', 제4부 '알기 쉬운 미사 전례'로 구성되어 있어서, 전례에 대한 기본적인 개념들, 모형인 전례가 원형인 그리스도의 신비들을 드러내는 데 꼭 필요한 상징들, 전례에 있어서 그리스도의 신비가 이루어진 장소들을 현재화시키는 성당의 전례 공간들, 그리스도의 일치에 있어서 정점인 미사의 각 부분을 설명하였습니다. 이런 전개는 "교회의 활동이 지향하는 정점이며, 동시에 거기에서 교회의 모든 힘이 흘러 나오는 원천"(전례 헌장, 10항)인 전례에서 그리스도를 만나는 체험을 보다 쉽게 하기 위한 구성입니다.

혹시, 다음에 책을 쓴다면, 전례 시간의 결실인 시간 전례(성무일도), 전례주년, 각 성사의 기도들, 전례음악, 준성사, 신심 행위 등이 주제가 되리라 생각합니다.

프란치스코 교황께서는 현대 세계에서 성덕의 소명에 관한 교황 권고 「기뻐하고 즐거워하여라」(2018.03.19.)에서 "그분께서는 우리가 그러저러한 평범한 존재로 안주하기를 바라시는 것이 아니라, 거룩한 사람이 되기를 바라십니다"(1항)라며 성덕의 소명은 기본적으로 그리스도인뿐만 아니라 모든 사람에게 해당된다고 하십니다. "한 사람의 완덕은 그가 지닌 정보나 지식의 양이 아니라 사랑의 깊이로 가늠된다는 사실"(37항)을 생각한다면, "성덕은 다름 아닌 충만하게 실천된 사랑"(21항)임을 확인할 수 있습니다. 그런데, 교회는 이 사랑이 그리스도로부터 유래했음을 늘 기억하고 선포하며 증언하는 전례가 성화의 토대임을 밝히며 "모든 날은 하느님 백성의 전례 거행, 특히 성찬의 희생 제사와 성무일도로 성화된다"(전례주년과 전례력에 관한 일반 규범, 3항)라고 선언합니다. 전례는 단순한 기념을 넘어 하느님이 우리에게 부여한 '성덕의 소명'에도 부합합니다.

제2차 바티칸 공의회가 발표한 첫 번째 헌장인 「전례 헌장」 14항에서 전례 교육이 능동적 참여에 얼마나 중요한지를 말합니다. "어머니인 교회는 모든 신자가 전례 거행에 의식적이고 능동적이고 완전한 참여를 하도록 인도되기를 간절히 바란다"라고 하면서 이런 참여를 위해서 영혼의 목자들은 "모든 사목 활동에서 마땅한 교육을 통하여 이를 성실히 추구하여야 한다"라고 강조합니다. 전례 교육이라는 차원에서 이 책이 신학생들과 수도자들, 그리고 보다 열심히 신앙생활을 하려는 교우분들에게 매우 유익한 안내서가 되리라 생각합니다.

책이 출판되기까지 수고해 준 가톨릭대학교출판부 직원분들과 출판을 허락해 준 부총장 신부님에게 감사를 드리며, 이 책이 독자 여러분의 전례 생활에서 주님을 더욱 쉽게 알아보고 그분께 마음의 문을 여는 데 기여하기를 바랍니다.

가톨릭대학교 성신교정에서<br>윤종식 신부

A
Ω
LITURGIA

제 1 부

# ‘응답하라, 전례’

“전례는 당연히 예수 그리스도의 사제직을 수행하는 것이다.
전례 안에서 인간의 성화가 감각적인 표징들을 통하여 드러나고
각기 그 고유한 방법으로 실현되며, 그리스도의 신비체,
곧 머리와 그 지체들이 완전한 공적 예배를 드린다.”

— 전례 헌장, 7항 —

## 01
# 전례는 왜 해야 하는가?

'설날'은 한 해의 시작인 음력 1월 1일을 일컫는 말로 정신적, 문화적 낯섦의 의미로 생각돼 '낯설은 날'로 여겨졌다는 설이 있고, 또 '선날' 즉 개시(開始)라는 뜻의 '선다'라는 말에서 유래했다는 설과 '삼가다'라는 뜻을 지닌 '사리다'의 '살'에서 비롯했다는 설도 있습니다. 이 설날에 대한 세 가지 근원은 전례에도 적용됩니다. 세례를 통해 그리스도인이 처음으로 신앙생활을 '개시'하면 '낯설은' 전례에 참여하여, 몸과 마음을 바짝 죄어 조심하고 가다듬어 개인적 태도를 '삼가해야' 하기 때문이지요.

여러분에게는 전례가 어떤가요? 낯설은 가요? 익숙한가요? 그렇다면 그리스도인은 왜 전례를 해야 할까요? 그리고 그 전례는 과연 무엇일까요? 참 질문이 많지요. 이것을 하나씩 풀어보기로 하지요.

## 그리스도인은 왜 전례를 해야 하는가?

전례에 대한 언어적·신학적 개념을 살펴보기 전에 전례는 왜 해야 하는지에 대한 질문을 해 보는 것이 필요하리라 생각합니다. 전례를 왜 해야 하는지는 예수님께서 최후의 만찬에서 제자들에게 하신 "너희는 나를 기억하여 이를 행하여라"(1코린 11,25)에 해답이 있습니다. 우선 예수님께서 제자들에게 명하는 일이라는 것이고 다음으로는 "기억하라"와 "행하라"는 동사를 통해 전례를 왜 해야 하는지를 알 수 있습니다. 특히, "기억하라"에 답이 있습니다.

신명 32,7에서 모세는 옛날에 대한 '기억'을 강조합니다. 여기서 '기억하라'라는 말은 히브리어 זָכַר(자카르)입니다. 이 단어의 기본 개념은 '기억하다' '주의를 기울이다' 등의 뜻으로 사람의 정신적 활동을 의미합니다. 하지만, 때로 이 단어가 '권고하다'의 뜻으로 쓰일 경우에는 사람들의 망각을 일깨워 잊어버렸던 사실들을 떠올리고 기억하게 해 주는 역할을 하기도 합니다. 그러나, 히브리어 '자카르'는 단순히 과거의 어떤 사실을 기억하고 암기하는 정도가 아니라 주의를 기울여 묵상하고 회상하고, 스스로를 권면하여 일깨우는 적극적이고 능동적인 영적 행위를 가리키는 단어입니다. 이러한 '자카르'는 그리스어 'anamnesis'(아남네시스)로 번역되어 그 의미를 이어갑니다.

이는 사도 바오로의 "**예수 그리스도를 기억하십시오**. 그분께서는 다윗의 후손으로, 죽은 이들 가운데에서 되살아나셨습니다.

이것이 나의 복음입니다"(2티모 2,8)라는 말씀에서 다시 확인됩니다. 단순한 기억을 넘어서 예수님께서 하셨던 말씀과 사건, 특히 십자가의 희생을 현재의 사건으로 만드는 기억입니다.

### 전례는 무엇을 기억하여 고백하고 선포하는가?

『가톨릭 교회 교리서』는 "왜 전례를 해야 하는가?"라는 제목으로 전례를 거행하는 동기를 다음과 같이 분명히 합니다.

> 교회는 전례 안에서 바로 그리스도의 파스카 신비를 선포한다. 이는 신자들이 세상에서 이 신비로 살아가고 이 신비를 증언하게 하려는 것이다. (가톨릭 교회 교리서, 1068항)

교회가 전례를 통하여 선포하고 있고, 해야만 하는 것은 바로 인류의 구원을 위한 '그리스도의 파스카 신비'임을 『가톨릭 교회 교리서』는 말해 줍니다. 그리고 전례는 신자들이 천상이 아니라 지상에서 이 신비로 살아가고 증언해야 한다는 사명을 분명하게 밝히고 있습니다. 곧 전례에 참석만 한다고 구원받는 것이 아니라 전례에서 선포된 그리스도의 파스카 신비를 삶을 통하여 증언해야 구원될 수 있습니다.

또한 교회의 존재 원인이기도 하고 전례를 형성하게 한 사건은 예수님의 십자가 희생 제사의 '현재화'일 겁니다. 그리고 전례를 통해 '현재화'된 십자가 희생 제사는 우리의 구원을 이루게 합니다. 교회는 이렇게 앞에서 선언한 것을 풀어서 말해 줍니다.

> 전례를 통하여, 특히 거룩한 성찬의 희생 제사에서 “저희의 구원이 이루어지므로”, 전례는 신자들이 그리스도의 신비와 참교회의 진정한 본질을 생활로 표현하고 다른 사람들에게 드러내 보이는 데에 가장 크게 이바지한다. (가톨릭 교회 교리서, 1068항)

전례에서 펼쳐지는 그리스도의 신비들과 사건들은 그곳에 참여한 그리스도인들을 통하여 세상의 다른 사람들에게 드러나야 하고 생활에서 구체화되어야 합니다.

### 그렇다면 전례는 무엇인가?

전례는 한자로 ‘典禮’, 라틴어로 ‘Liturgia’라고 표기합니다. 『표준 국어 대사전』에서는 “왕실이나 나라에서 경사나 상사가 났을 때 행하는 의식”이라는 일반적인 의미와 가톨릭에서는 “교회가 단체로 하느님과 그리스도, 또는 성인, 복자에게 하는 공식적인 경배 행위”라는 설명을 함께 제시해 주고 있습니다.

어원적으로, ‘Liturgia’는 그리스어 ‘leitourgia’에서 유래했으며, 본래 백성 전체를 위해 행해지는 봉사인 정치적, 기술적 또는 종교적 일을 가리킵니다. 기원전 3세기에 이루어진 유다 경전의 그리스어 번역인 칠십인역 성서는 성전에서 거행되는 사제들의 경배를 가리키는 데 이 단어를 사용하였고, 초기 교회와 교부들은 이 단어를 사용하여 공동체의 구성원이 자신의 역할에 따라 모든 이를 대신하여 하느님께 바치는 경배 행위를 의미했습니다.

20세기에 전개된 '전례 운동'은 전례가 하느님 백성의 공적 경배라는 사실을 강조하였으며, 제2차 바티칸 공의회의 「전례 헌장」에서 전례에 대한 신학적인 정의를 다음과 같이 제시했습니다.

> "전례는 당연히 예수 그리스도의 사제직을 수행하는 것이다. 전례 안에서 인간의 성화가 감각적인 표징들을 통하여 드러나고 각기 그 고유한 방법으로 실현되며, 그리스도의 신비체, 곧 머리와 그 지체들이 완전한 공적 예배를 드린다." (전례 헌장, 7항)

제2차 바티칸 공의회는 '전례는 예전 교회의 공식적인 예배 행위'라는 외적인 정의를 넘어서 "예수 그리스도의 사제직 수행"이라는 신학적 개념을 분명히 하면서 인류 구원에 있어서 전례가 지닌 중요한 가치를 확인시켜 줍니다.

독일의 전례학자 클레멘스 리히터는 전례를 "하느님과 인간과의 대화"라고 『전례와 삶』에서 말합니다. 이는 제16차 세계 주교 시노드(2021~2024년)의 '시노드 정신을 살아가는 교회를 위하여: 친교, 참여, 사명'이라는 주제와 전례의 개념이 일치하는 것을 확인할 수 있습니다. "하느님께서 예전에는 예언자들을 통하여 여러 번에 걸쳐 여러 가지 방식으로 조상들에게 말씀하셨지만, 이 마지막 때에는 아드님을 통하여 우리에게 말씀하셨습니다"(히브 1,1~2)라는 사도 바오로의 말씀에 더하여, 이제는 삼위일체 하느님께서 교회가 거행하는 전례에서 그리스도교 공동체와 친교를 맺고, 전례에 능동적으로 참여하게 하시며, 복음 선포의 사명을 부여하십니다.

## 02
# 성경에서의 예배는?

우리는 정월 초하룻날인 '설날'이 제대로 된 새해라고 생각하여, 가족들이 모여 어른에게 세배드리고 함께 떡국을 먹는 명절입니다. '설날'의 유래에 대한 가설 중에서 '낯설다'에서 왔다는 견해가 있습니다. 낯설은 새해를 맞이한다는 의미이겠지요. 예비자 교리를 하다 보면 개신교에서 개종한 분들을 만납니다. 그분들이 가장 어려워하는 것이 천주교의 낯설은 용어들입니다. 하느님의 호칭들인 '하나님'을 '하느님'으로, '여호와'를 '야훼'로 불러야 하고 교회와 관련해서는 '기독교 예배'를 '천주교 전례'로, '예배당'을 '성당'으로 용어 정리를 하는 것이 쉽지 않다는 것입니다. 이번에는 '기독교 예배'와 '천주교 전례'에 대해서 알아보겠습니다.

### 예배와 전례의 차이는 무엇인가?

예배(禮拜, 라틴어: cultus, 어원 colere=경배하다)는 종교적 언어 영역에서 아주 일반적인 낱말이며, '초월적 존재 앞에 경배하는 의식'이라는 사전적 의미로 본다면 초월적 존재를 섬기는 모든 종교가 행하는 의식(儀式)을 말합니다. 반면에 '전례'(典禮, 라틴어: liturgia)는 한자를 그대로 풀어 보면 '규정된 예절'이라 할 수 있으며, 이는 주님께서 설립한 교회의 예식을 의미하여, 규정의 기준인 주님과 규정을 역사적으로 정해온 교회가 중심입니다.

보통 개신교에서 '기독교 예배'라고 부르는 것은 '그리스도교 예배'라고 해야 정확한 표현입니다. 왜냐하면 '기독교'(基督教)는 '그리스도교'의 중국어 음역(音譯)이기 때문에, 본래의 음을 그대로 발음할 수 있는 현대인은 '그리스도교'라고 하는 것이 올바른 표현이겠지요. 이런 의미에서 넓은 의미의 그리스도교 예배에 천주교의 고유하고 공식적인 예배인 '전례'가 포함된다고 할 수 있습니다.

제2차 바티칸 공의회의 「전례 헌장」에서 천주교 전례를 하느님께 드리는 충만한 예배라고 선언합니다. "**그리스도 안에서 우리 화해의 완전한 보상이 이루어지고, 우리가 하느님께 충만한 예배를 드리게 되었다**"(5항).

그리스도교에서 예배는 하느님과 인간을 이어 주는 근원적인 관계를 나타내는 종교적인 힘의 구체적 표현입니다. 그래서 예배는 하느님과 인간의 관계를 실현하는 내적이고 외적인 행위들을 포함합니다. 이러한 예배의 기본 요소들은 복종, 경배, 신심, 헌신, 기도의 직무, 그리고 두려우면서도 매혹적인 신비나 거룩함에 대한 정서적 반응 등입니다.

### 구약성경에서의 예배는?

예수 그리스도를 통하여 완성에 도달하는 성서적 계시의 전망에서 그리스도교 예배의 독창성은 예배의 형태가 아니라 예배의 내용에 있습니다. 특히 일반 종교에서 계시된 예배로 넘어가는 과정에서 잘 드러납니다.

구약성경의 예배는 이스라엘의 특징적 예배이며, 유일신 하느님 경배에 집중된 이 예배의 출발점은 일명 '출애굽'이라 표현되는 이집트 탈출 사건입니다. 사실 이 예배는 모세에게 주어진 계시와 관련되어 있으며 이집트 탈출을 가능하게 한 종교적 원동력이 되었습니다. 모세와 아론이 파라오에게 전한 하느님의 말씀에서 알 수 있습니다. "**내 백성을 내보내어 그들이 광야에서 나를 위하여 축제를 지내게 하여라**"(탈출 5,1). 곧 이집트 탈출의 동기가 광야에서 하느님께 경배를 드리는 예배를 드리기 위해서라는 것입니다. 광야로 간다는 것은 주님과 만나고자 이방 신들로부터 멀리 벗어나야 할 필요성 때문입니다. 약속된 땅에 정착한 다음, 우상 숭배의 금지와 특정한 희생 제물의 금기라는 특징을 갖는 예배의 형성은 예루살렘을 이스라엘의 종교적 중심으로 만든 성전 건축으로 이어집니다.

스페인 전례학자인 훌리안 로페스 마르틴 주교는 『교회의 전례』에서 구약성경의 예배 특징을 공동체적 차원, 내적 차원, 종말론적 차원으로 정리합니다. 첫째, 예배의 공동체적 차원은 먼저 정치적·종교적·사회적 공생 관계에서 나타납니다. 백성은 주님께 속해 있기에 계약을 지킬 의무가 있다는 자의식을 가지고 있었습니다(탈출 19,5~6; 신명 6,4~9; 시편 33,12 참조). 모든 예배 행위는 하느님의 주권을 인정하고 그분의 현존 속에서 살아가겠다는 백성의 의지를 드러내도록 방향을 잡고 있었습니다. 둘째, 예배의 내적 차원은 봉헌이나 희생 제사 같은 예배의 외적 요소들을 제외하지 않으면서, 내적 정결의 필요성과 계약에 대한 충실성을 말합니다. 또한 하느님께서 원하시는 예배는 사회 정의 그리고 가난하고 억압받는 이들과 이루는 연대성과 연결됩니다. 셋째 예배의 종말론적 차원은 기념적 차원과 긴밀하게 연결됩니다. 과거의 모든 사건은 주님께서 언제나 당신 약속을 지키실 것임을 증명하고, 축제와 예절에서 그것들을 기억하는 것은 계속적으로 실현된 성취에 대한 보증이 됩니다.

### 예수님으로 인해 변화된 예배!

구약 예배의 차원들은 신약의 예배에서도 이어갑니다. 이스라엘 백성의 예배 규정들을 대하시는 예수님의 태도에 의해서 신약의 예배가 결정됩니다(마태 5,17 참조). 그분에 의해 탄생한 교회는 예수님께서 성령 강림이라는 기초 위에 이스라엘의 예배를 완성하셨다는 확신을 가지고 있었으면서도, 한동안 성전에 자주 모여 기도하였고 유다의 종교 규정을 지켰습니다(사도 2,46; 3,1 등 참조). 그러나 유다인의 제1차 독립전쟁(66~73년) 중에 로마군단에 의해 예루살렘 성전이 파괴되면서 그리스도교는 완전히 독립된 예배 형태로 발전합니다.

신약에서 그리스도교 예배의 토대는 참된 예배의 '성전'이 되신 예수님의 현존 자체입니다. "**그분께서 성전이라고 하신 것은 당신 몸을 두고 하신 말씀이었다**"(요한 2,21). 또한 하느님의 은총은 신앙과 마음의 회개와 연결되어, 하느님의 거룩함을 본받는 삶을 이끌어 갑니다. "하늘의 너희 아버지께서 완전하신 것처럼 너희도 완전한 사람이 되어야 한다"(마태 5,48). 이 은총들은 성화할 능력이 전혀 없는 옛 제사들을 대체하는 예수 그리스도의 파스카 희생 제사의 열매입니다(히브 9,13 참조). 그리스도께서 설립하신 세례성사와 성체성사 그리고 다른 성사들은 이 희생 제사의 구원 능력을 가지고 있습니다.

새 예배는 계속해서 사회적이고 공동체적으로 그리스도를 중심으로 성령 안에서 한 형제로 모이게 합니다(사도 2,41~45; 4,32~35 등 참조). 예수님은 "영과 진리 안에서"(요한 4,23) 드리는 예배가 드려질 때가 올 것이라고 하시며, 예수님 자신이 하느님이 머무는 성전(요한 2,21~22; 묵시 21,22 참조)이라고 밝히셨고, 참된 예배를 세우실 것임을 말씀하십니다. 가장 중요한 것은 예수님이 그러하셨듯이, 신앙인 각자의 삶을 아버지의 마음에 드는 영적 예배가 되도록 신앙과 사랑 속에서 변화시키는 것이라 하겠습니다.

천주교 예배는 크게 전례 행위와 신심 행위가 있으며, 「성음악과 전례에 관한 훈령」(1958.09.03.)은 다음과 같이 구분하여 밝혀 줍니다. "전례 행위는 예수 그리스도나 그분의 이름으로 교회가 제정한 거룩한 행위로, 하느님과 성인들과 복자들에게 합당한 예배를 드리고자, 사도좌가 승인한 전례서에 따라 이러한 목적을 달성하도록 적법하게 임무를 맡은 사람들이 수행하는 것이다. 그 밖의 거룩한 행위들은, 성당 안에서 수행하든 밖에서 수행하든, 그러한 행위에 함께하고 주관하는 사제가 있든 없든, 언제나 신심 행위라고 부른다."

## 03
# 전례에서의 성부는?

천주교인을 알아보는 쉬운 방법이 무엇일까요? 손을 잘 보면 알 수 있습니다. 손에 묵주반지를 끼고 있거나 지하철이나 버스에서 조용히 묵주를 돌리며 기도를 하거나 식사를 하기 전과 후에 성호를 긋는 사람입니다. 곧 천주교인의 가장 큰 표지는 십자성호입니다.

군대에서 식사 시간에 십자성호를 긋고 기도를 하고 먹으니, 이상하게 쳐다보던 동료가 혹시 기도를 빠뜨리고 식사를 하려고 하면 '야! 너 기도하고 먹어야지~!'라고 가르쳐 주기도 했습니다. 그렇게 말해 준 친구에게 '내가 기도하는 것이 이상하지 않니?'라고 묻자, 그 친구는 '아니! 내 친구가 기도를 하니까 옆에 있는 나도 하느님의 은혜를 받는 것 같아서 좋더라'라고 말해 주더군요.

특정 종교의 믿음을 가지고 있지 않더라도 초월적인 분에 대한 신뢰는 누구든지 지니고 있음을 확인할 수 있었던 좋은 체험이었습니다. 이번에는 우리가 믿는 '삼위일체 하느님'에서 '성부'에 관한 내용을 성경과 전례 기도에서 확인하려고 합니다.

### 전례 기도에서 드러난 삼위일체 하느님!

하느님이 우리에게 오고 우리가 하느님에게 가는 길은 우리가 선택하는 것이 아니라 하느님이 우리에게 계시를 통하여 가르쳐 주었습니다. 계시는 우리가 가야 할 최종 목적지가 삼위일체 하느님이라고 알려 줍니다. 그리고 계시의 표본인 성경은 삼위일체 하느님의 일치와 세 위격의 관계를 밝혀 주며 전례에서 기도하도록 합니다. 대표적으로 미사의 인사 부분에서 인용되는 코린토 2서 13장 13절 말씀이 있습니다. "**주 예수 그리스도의 은총과 하느님의 사랑과 성령의 친교가 여러분 모두와 함께하기를 빕니다.**"

삼위일체 하느님께 기도하는 것의 표본은 아무래도 영광송일 겁니다. 모든 모임의 마지막에 하는 기도인 영광송은 모임의 시간과 행해진 일이 삼위일체 하느님에게서 기원했고 마무리된다는 믿음을 드러냅니다. 고대 교회의 영광송은 "Gloria Patri per Filium in Spiritu Sancto"(**영광이 성령 안에서 성자를 통하여 성부께**)였는데, 4세기의 아리우스 이단자들이 이 기도 양식을 성자와 성령이 성부께 종속되는 것처럼 해석하면서, 점차 현재의 "Gloria Patri et Filio et Spiritui Sancto"(영광이 성부와 성자와 성령께)로 변화되었습니다. 고대 교회의 영광송은 상호 관계에서의 종속을 의미하는 것이 아니라 구원 역사에 있어서 삼위의 역할과 외향적 관계를 나타낸다는 사실을 망각해서 생긴 일이라 하겠습니다.

### 온전히 거룩하신 하느님과 인간의 두려움과 경외심!

여러분은 '주님의 기도'의 첫 부분인 '하늘에 계신 우리 아버지!'라고 할 때, 어떤 느낌이 드나요? 자신의 아버지에 대한 어렸을 적의 체험이 굉장히 중요한 기준이 된다고 봅니다. 아버지가 늘 엄격했으면 하느님이 엄하게 다가올 것이고, 친구처럼 다정했으면 하느님이 그렇게 느껴질 겁니다.

너무나 완벽하고 거룩한 존재 앞에 있으면 인간은 자신의 부족감에 주눅이 들거나 피할 겁니다. 어부들 앞에서 엄청난 물고기를 잡게 하신 예수님에게 "주님, 저에게서 떠나 주십시오. 저는 죄 많은 사람입니다"(루카 5,8)라고 한 베드로처럼 말입니다.

구약에서 하느님은 인간의 범주에 들어오지 않으며 오히려 그 범주를 무한히 초월하는 분이시기에, 인간으로 하여금 두려움과 경외심을 느끼도록 하는 존재였습니다. 하느님께서 아브라함과 계약을 맺으려 할 때, "**공포와 짙은 암흑이 그를 휩쌌다**"(창세 15,12)라고 하였고, 불타는 떨기를 보고 놀란 모세가 그 광경을 보려고 다가갔을 때 그분의 목소리를 듣고 "**하느님을 뵙기가 두려워 얼굴을 가렸다**"(탈출 3,6)고 합니다. 접근할 수 없는 하느님의 온전히 거룩하심을 보고 체험하는 천사와 인간의 두려움은 이사야 예언자가 부르심을 받는 장면을 통해 생생하게 드러납니다. 천사들이 하느님의 거룩하심을 노래하면서 그들의 말뿐만 아니라 태도도 하느님의 엄청난 권능을 나타냅니다. 그들은 하느님의 영광을 보지 않기 위해서 날개로 얼굴을 가리고 하느님 위엄 앞에 노출되지 않기 위해 그들 자신과 몸 전체를 덮습니다(이사 6,2~3 참조). 그리고 이사야는 이렇게 말합니다. "**큰일났구나. 나는 이제 망했다. 나는 입술이 더러운 사람이다**. 입술이 더러운 백성 가운데 살면서 임금이신 만군의 주님을 내 눈으로 뵙다니!"(이사 6,5).

### 축복하시는 하느님!

한편으로 지극히 거룩하시고 초월적이신 하느님 앞에서 인간은 자연스럽게 경외심과 두려움을 느끼지만 다른 한편으로 인간에 대한 깊은 애정으로 필요한 복을 주시는 분이기에 그분 앞에 나아가는 데 주저함이 없게 됩니다. 『가톨릭 교회 교리서』는 "**태초부터 종말에 이르기까지 하느님께서 하시는 모든 일은 강복**"(1079항)이라고 증언합니다. 태초부터 하느님께서는 모든 생명체, 특히 남자와 여자에게 강복하셨지요. 또한 이사악의 탄생, 이집트 탈출, 약속된 땅을 주신 일, 다윗을 임금으로 세우신 일, 하느님께서 성전에 현존하시는 것, 정화를 위한 바빌론 귀양살이, 그리고 '소수의 남은 자들'의 귀환 등 놀라운 구원 사건 안에서 주님의 강복은 이어졌습니다.

하느님의 강복은 교회의 전례에서 온전하게 드러나고 전달됩니다. 교회는 다음과 같이 확신합니다. “성부께서는 피조물을 위한 모든 강복과 구원의 원천이며 목적으로 인정되시고 흠숭을 받으신다. 그리고 우리를 위해 강생하시고 돌아가시고 부활하신 당신의 ‘말씀’ 안에서 우리를 복으로 채워 주시며, 그 ‘말씀’을 통해서 모든 선물을 포함하는 ‘선물’, 곧 성령을 우리 마음에 부어 주신다”(가톨릭 교회 교리서, 1082항).

### 예수님을 보내신 사랑의 아버지!

창조주 하느님은 지속적으로 당신의 창조물에 관심을 기울이며, 인간에게 “영광과 존귀의 관을 씌워 주셨습니다”(시편 8,6). 또한 특별히 사랑하셨기에 당신의 백성인 이스라엘을 종살이하던 집, 이집트 임금 파라오의 손에서 구해 내셨습니다(신명 7,8). 이러한 하느님의 인간에 대한 사랑은 당신이 사랑하시는 외아들 예수 그리스도를 통해 더욱 분명하게 드러납니다. 하느님께서는 “세상을 너무나 사랑하신 나머지 외아들을 내 주시어, 그를 믿는 사람은 누구나 멸망하지 않고 영원한 생명을 얻게”(요한 3,16) 하셨고, 그리스도를 통하여 인간과 새 계약을 맺으셨습니다. 이러한 하느님의 사랑을 깨닫고 청하는 부활 제3주간 목요일 본기도는 각별한 의미를 지닙니다. “**저희가 하느님의 사랑을 더 많이 받고 더 깊이 깨달았으니 온갖 오류에서 벗어나 진리의 말씀을 더욱 충실히 따르게 하소서.**”

히포 공의회(393년)에서 "제대에 서 있을 때에는 언제나 성부께 기도를 바쳐야 한다"(제21조)라는 결정에서처럼 전례 기도는 언제나 아버지를 향해 바칩니다. 그뿐만 아니라 아버지께서는 또한 **모든 찬양과 감사 행위의 종착점**이십니다. 곧 전례는 하느님 아버지께서 구원 역사 안에서, 사람들의 삶 안에서, 전례 안에서 이룩하신 놀라운 업적을 고백하는 것입니다.

## 04
# 전례에서의 성자는?

코로나19로 인한 팬데믹 상황에서 소상공인들의 경제적 어려움, 의료진들의 희생적 헌신, 여행업의 몰락 등의 안타까운 현실이 마음을 아프게 했습니다. "인간은 사회적 동물"이라고 정의한 아리스토텔레스의 말이 무색하게 사회적 관계를 형성하는 만남을 제한하는 상황은 사람들을 힘들게 합니다. 물론, 소셜 네트워크 서비스(SNS)가 발달하여 사람을 직접 대면하는 만남이 아니더라도 정보전달과 소통이 가능하지만, 그래도 사람들은 인격적 만남을 통하여, 더욱 성숙할 수 있다고 생각합니다. 그렇다면 신앙인은 하느님과 어떻게 인격적이고 성숙한 만남을 할 수 있을까요?

"전례는 하느님과의 인격적 만남"이고, 그 만남은 "그리스도 안에서 그리고 그리스도를 통해서" 이루어진다고 벨기에 전례학자 암브로스 베르홀 수사는 저서 『전례신학』에서 말합니다. "그리스도는 하느님과 인간이 만나는 접점(接點)이다. 그분 안에서 하느님은 인간에게 다가오시고, 그분 안에서 또한 인간은 성부께 돌아갈 수 있다." 이는 요한 복음에서 확인할 수 있습니다. "나는 길이요 진리요 생명이다. 나를 통하지 않고서는 아무도 아버지께 갈 수 없다"(14,6).

### 볼 수 없는 하느님을 보게 해 주는 예수 그리스도!

신약성경에서는 그리스도가 보이지 않는 하느님을 보여 주는 분으로 계속 묘사됩니다. 요한 복음에서 아버지를 이 세상에 알려 주는 그리스도의 모습이 자주 등장합니다. "아무도 하느님을 본 적이 없다. 아버지와 가장 가까우신 외아드님 하느님이신 그분께서 알려 주셨다"(요한 1,18). 그러므로 필립보가 마지막 만찬에서 예수님께 "주님, 저희가 아버지를 뵙게 해 주십시오"라고 간청했을 때, 그는 즉시 책망을 듣습니다. "필립보야, 내가 이토록 오랫동안 너희와 함께 지냈는데도, 너는 나를 모른다는 말이냐? 나를 본 사람은 곧 아버지를 뵌 것이다"(요한 14,8~9).

볼 수 없는 하느님이 그리스도 안에서 볼 수 있는 형태로 우리에게 오셨고 하느님의 자비를 삶으로 보여 주십니다. 그분은 인간의 모습을 띤 하느님이시고 인간으로서 그분이 하시는 모든 것은 인간적 형태 안에서 하시는 하느님의 행위이며, 육화의 한 형태로서 신적 활동이 인간적으로 되는 것입니다.

### 대사제이신 예수 그리스도!

제2차 바티칸 공의회는 "전례는 당연히 예수 그리스도의 사제직을 수행하는 것"(전례 헌장, 7항)이라고 신학적 정의를 선언하면서 전례 개혁을 실행합니다. 이 정의는 성경에서 말하는 그리스도의 위격과 행위의 사제적 성격에서 시작됩니다.

그리스도의 사제적 성격과 관련해서 모든 전례 거행의 특징으로서 이중 움직임이 있습니다. 하느님이 인간에게 내려오시는 하행선과 인간이 하느님께로 올라가는 상행선입니다. 이것은 참된 신이며 참된 인간인 그리스도의 행위에서 먼저 볼 수 있습니다.

먼저, 하행선은 그리스도 안에서 하느님이 우리에게 내려오시는 것입니다. 하늘 위에 계신 하느님이 그리스도 안에서 은혜롭게 가까이 계시게 됩니다. 그러므로 그리스도는 대사제(pontifex)가 되시어 하느님과 인간 사이의 "다리를 놓는 분"이십니다(pontifex는 원래 '다리를 놓는 사람'이라는 뜻). 그분은 "하느님의 모습을 지니셨지만 하느님과 같음을 당연한 것으로 여기지 않으시고 오히려 당신 자신을 비우시어 종의 모습을 취하시고"(필립 2,6) 인간으로서 하느님께 순종하셨습니다. 예수 그리스도의 자기 비움은 십자가 위에서 절정에 이릅니다. 죄인인 인류를 구하기 위하여 죽기까지 순종하신 것입니다.

다음으로 상행선은 인간을 하느님께로 들어 올려 주는 신비입니다. 그리스도께서는 새 아담으로서, 죄에 떨어진 인류를 위하여 인류의 머리요 지도자로서 성부께 가는 길을 우리에게 가르쳐 주셨습니다. 그분은 우리를 성부께로 인도하기 위해 성부로부터 오셨습니다. 아버지 하느님의 주권을 인정하고 전폭적인 순종으로써 성부의 뜻에 자신을 내맡기는 삶으로 성부께 영광과 찬미를 드리고 자신을 아버지께 들어 올리는 이러한 삶에서 그리스도의 사제적 성격이 잘 드러납니다. 육화의 신비로 하느님의 사랑이 이 땅에 내려오는 하행선을, 파스카신비로 인간을 구원하여 하느님의 자녀로 거듭나게 하여 하늘로 오르게 하는 상행선을 구현하시는 예수 그리스도!

**중개자이신 예수 그리스도!**

그리스도는 한 분이지만 동시에 두 가지 성격을 지닙니다. 첫째는 성부로부터 오셨다는 사실입니다. 그리스도는 하느님의 아들로서 인간을 구원하시는 하느님의 사랑을 보여 주기 위해 성부로부터 보내져서 온 분입니다. 둘째는 성부께 돌아가는 분입니다. 그리스도는 새로운 인류의 맏이로서 그분은 하느님께 마땅히 드려야 할 전례를 봉헌하고 인류를 성부께로 인도하십니다.

제2차 바티칸 공의회는 그리스도의 두 가지 성격을 이렇게 강조합니다. "그리스도 안에서 우리 화해의 완전한 보상이 이루어지고 우리가 하느님께 충만한 예배를 드리게 되었다"(전례 헌장, 5항). 전례의 목적이기도 한 인간을 구원하고 하느님께 완전한 영광을 드리는 일은 주님이신 그리스도께서 "당신의 복된 수난과 저승에서 살아나신 부활과 영광스러운 승천의 파스카 신비"(전례 헌장, 5항)를 통하여 성취하셨습니다.

### 전례에 현존하시는 예수 그리스도!

대사제이신 중개자 그리스도는 하느님과 인간이 만나는 접점(接點)입니다. 그분 안에서 하느님은 인간에게 다가오시고, 그분 안에서 또한 인간은 성부께 돌아갈 수 있습니다.

그렇다면 하느님과 인간의 접점인 예수 그리스도는 전례에서 어떻게 현존할까요? 교회는 다음과 같이 확언합니다. "이토록 큰일을 완수하시고자 그리스도께서는 언제나 교회에, 특별히 전례 행위 안에 계신다. 그리스도께서는 집전자의 인격 안에 또한 특히 성찬의 형상들 아래 현존하시어, 미사의 희생 제사 안에 현존하신다. (…) 당신 능력으로 성사들 안에 현존하시어, 누가 세례를 줄 때에 그리스도께서 친히 세례를 주신다. 당신 말씀 안에 현존하시어, 교회에서 성서를 읽을 때에 당신 친히 말씀하시는 것이다. 끝으로, 교회가 기도하고 찬양할 때에, '단 두세 사람이라도 내 이름으로 모인 곳에는 나도 함께 있겠다'(마태 18,20)고 약속하신 바로 그분께서 현존하신다"(전례 헌장, 7항).

예수 그리스도께서는 당신의 사제직을 교회가 수행할 수 있도록 성령을 내려 주시고 또한 본인 자신도 다양한 방식으로 현존하시어 함께하십니다. 빵과 포도주의 형상에, 집전자의 인격에, 미사의 희생 제사에, 성사들에, 당신 말씀에, 교회 공동체에 현존하시어 당신의 구원 사업을 계속하도록 합니다.

전례에 현존하시는 예수 그리스도와 함께 하느님 아버지의 자녀들의 공동체인 교회는 하행선인 하느님께서 내려 주시는 은총을 받고 말씀을 들으며, 또한 하느님의 구원 업적을 기억하고 찬미와 감사를 드리는 상행선의 움직임을 행합니다.

전례에 현존하시는 구원의 중개자 예수 그리스도와 함께 기도하고 찬양할 때 우리는 아버지 하느님의 사랑받는 자녀로서의 정체성이 더욱 분명해집니다. "여러분 가운데에 고통을 겪는 사람이 있습니까? 그런 사람은 기도하십시오. 즐거운 사람이 있습니까? 그런 사람은 찬양 노래를 부르십시오"(야고 5,13).

## 05

# 전례에서의 성령은?

온갖 꽃들이 자신의 아름다움을 자랑하는 '계절의 여왕'을 교회는 '성모 성월'로 정하여 가장 아름다운 어머니에게 봉헌했습니다. 오월의 따사로운 햇살을 느끼며 산책을 하다 보면 만물을 활력 있게 만드는 에너지가 신앙인으로 살아가는 우리에게는 '성령'이 아닐까라고 자연스럽게 햇살의 따사로움과 성령의 활동을 동일시하게 됩니다. 또한 만물에 생명력을 주는 비가 내려도 비슷한 생각을 하는 것은 저만의 생각이 아닐 것입니다. 신앙인에게 '활력'과 '생명력'을 주는 성령은 이렇듯 보이지는 않더라도 느낄 수 있습니다. 이러한 성령의 역할은 전례, 특히 미사에서 가장 잘 드러납니다.

## '주님께서 여러분과 함께' '또한 사제의 영과 함께'

미사를 거행하면서 주례자와 신자 공동체 사이의 간단한 대화식 인사는 전례 행위를 완성하기 위해 영의 현존을 보장합니다. 2017년 대림 제1주일부터 개정된 한국어본 『로마 미사 경본』에서 예전에 "또한 사제와 함께"라는 응답을 "또한 사제의 영과 함께"라고 수정하여 라틴어 "Et cum spíritu tuo"을 보다 정확하게 번역하여 사용하게 되었습니다. 이 표현은 3세기경에 작성된 히폴리투스의 『사도 전승』 4장과 25장에서 유래했으며, 사제 개인의 영혼을 의미하는 것이 아니라 그가 서품식 때 받은 성령과 그 성령께서 주시는 직무 수행의 은사를 가리킨다고 교부들은 말합니다.

신자 공동체의 '또한 사제의 영과 함께'라는 응답은 사제가 드리는 미사에서 자신이 받은 직무를 충실히 수행할 수 있도록, 곧 "그리스도의 인격으로"(in persona Christi) 미사를 거행할 수 있도록 성령이 함께하기를 기원하는 것입니다.

## 예수님이 약속한 보호자인 성령

참된 예배의 유일하신 중개자께서는 교회가 자기 임무를 완수하도록 성령을 교회에 보내십니다(요한 20,21~23 참조). 이는 "내가 아버지께 청하면, 아버지께서는 다른 보호자를 너희에게 보내시어, 영원히 너희와 함께 있도록 하실 것이다"(요한 14,16)라는 예수님의 약속을 실현한 것입니다. 여기서 주목할 만한 것은 "아버지께 청하면"이라는 조건으로 성령의 현존을 구하는 기도의 필요성입니다. 전례에 현존하는 성령의 이끄심과 영적 감도로 인하여 교회는 아버지께 기도하고(로마 8,26~27 참조), 노래하며 하느님을 찬양하고(에페 5,18~20; 콜로 3,16~17 참조), 예수님을 주님으로 고백하고(1코린 12,3ㄴ; 필리 2,11 참조), 주님께서 오실 때까지 그분을 기다리며 그분을 부릅니다(1코린 11,26; 16,12; 묵시 22,17.20 참조).

### 그리스도의 신비를 상기시키는 성령

교회의 전례에서 성령은 그리스도의 구원 활동을 드러내기 위해서 아주 중요한 '기억'을 하도록 합니다. 인간의 모든 기억력에 관여한다는 것은 아니고, 하느님의 구원 계획 안에서의 기억에 관여합니다. 『가톨릭 교회 교리서』에서 "전례는 특히 성체성사 안에서, 그리고 다른 성사들 안에서는 유비적으로, 구원의 신비를 기념한다. 성령께서는 교회의 살아 있는 '기억'"(1099항)이라고 선언합니다. 특히 성령께서는 "우리가 받아들이고 실천하도록 선포되는 하느님의 말씀이 살아 있는 말씀이 되게 하심으로써, 전례를 거행하는 회중에게 구원 사건의 의미를 상기"(1100항)시킵니다.

### 그리스도의 신비를 실현하는 성령

그리스도교 전례는 우리에게 구원의 사건을 상기시킬 뿐 아니라, 그것을 실현하고 현존하게 합니다. 예수님께서 잡히시던 날 밤에 다락방에서 최후 만찬을 하면서 제자들에게 하신 "너희는 나를 기억하여 이를 행하여라"(1코린 11,24)라는 말씀은 교회 설립의 기초가 되었고 성령 강림으로 지속성을 지닌 현실이 되었습니다. 그래서 그리스도의 파스카 신비는 전례 거행에서 단순히 반복되는 것이 아니라 성령의 임하심을 통하여 실현이 됩니다(가톨릭 교회 교리서, 1104항 참조). 이것은 성찬 전례에서의 '축성 기원 성령 청원 기도'에서 잘 드러납니다. 이 기도는 성령의 힘을 내려 주시기를 비는 특별한 기원으로, 교회는 사람이 바친 예물(빵과 포도주)이 축성되도록, 곧 그리스도의 몸과 피가 되도록 간구하고, 또한 이 흠 없는 제물이 영성체 때 이를 받아 모시는 이들에게 구원이 되기를 기도합니다(로마 미사 경본 총지침, 79항 ㄷ) 참조). 물론, 이 기도와 더불어 예수님의 말씀과 행위에 근거한 '성찬 제정과 축성문'이 사제의 입을 통해 선포되면서, 신자 공동체는 이 놀라운 신비에 대해서 다음과 같이 환호합니다. "신앙의 신비여! 주님께서 오실 때까지 주님의 죽음을 전하며 부활을 선포하나이다."

### 그리스도와 친교를 이루게 하는 성령

모든 전례 행위에서 성령의 사명은 그리스도인이 그리스도와 친교를 이루어 그리스도의 신비체가 되도록 하는 것입니다. 친교의 성령께서는 교회 안에 항상 머물며, 교회를 하느님의 흩어진 자녀들을 모으는 신적 친교의 위대한 성사가 되게 합니다(가톨릭 교회 교리서, 1108항 참조). 미사를 시작하면서 행하는 사제의 인사에서도 삼위일체 하느님에서 성령의 친교의 중요성을 확인할 수 있습니다. "우리 주 예수 그리스도의 은총과 하느님의 사랑과 성령의 친교가 여러분 모두와 함께"(2코린 13,13 참조). 친교의 성령에 대한 특별한 가치는 감사 기도의 일치 기원 성령 청원 기도에서 확인할 수 있습니다. 교회는 흠 없는 제물을 성령 안에서 아버지께 봉헌하면서 중개자이신 그리스도와 일치하여 그리스도의 신비체가 되기를 기도합니다. "주님, 교회가 바치는 이 제사를 굽어보소서. 이는 주님 뜻에 맞갖은 희생 제물이오니 너그러이 받아들이시어 성자의 몸과 피를 받아 모시는 저희가 성령으로 충만하여 그리스도 안에서 한마음 한 몸이 되게 하소서"(감사 기도 제3양식).

### 성사들에서의 성령은?

미사에서뿐만 아니라 다른 성사들에서도 그리스도의 구원 사업을 성사적으로 실현하는 데 성령은 중요한 역할을 합니다. 세례성사의 필수 요소인 세례수 축복 기도에서 새 창조와 새 생명, 죄로부터 해방과 성화의 활력을 물에 불어넣어 주는 성령에 대해 언급합니다. 견진성사에서는 주교님께서 한 손 안수와 축성 성유 도유를 하면서 "성령 특은의 인호를 받으시오"라며 양식문을 합니다. 그럼으로써 신앙인들 안에 세례성사의 은총을 증가시키고 심화시키며 성령의 특별한 힘을 받아 그리스도의 참된 증인이 되도록 이끌어 줍니다. 교회의 죄 사함의 권한은 부활하신 예수님께서 제자들에게 나타나 그들에게 숨을 불어넣으며 "성령을 받아라, 너희가 누구의 죄든지 용서해 주면 그가 용서를 받을 것이고, 그대로 두면 그래도 남아 있을 것이다"(요한 20,22~23)라는 말씀에서 유래합니다. 교회의 직무 서임, 곧 주교·사제·부제 서품 예식은 안수를 통하여 성령을 부여하는 것을 포함하고 있으며, 각 직무에 필요한 성령의 은사를 서품 기도에서 청합니다.

지금까지 전례에서의 성부·성자·성령에 대해서 살펴보았습니다. "창조가 성부께 귀속된다면, 구속은 사람이 되신 말씀의 업적이고, 성화는 성령의 업적"이라는 전례학자 융만의 삼위일체 하느님에 대한 표현이 전례의 기도들과 표징들을 통해서 명확하게 드러남을 확인할 수 있었습니다.

## 06
# 전례라는 팥빙수의 팥인 '파스카 신비'

더운 여름에 떠오르는 간식 중에 빙수가 있습니다. 이탈리아에서 유학하면서 '젤라토'라는 아이스크림이 있기는 했지만, 한국의 빙수처럼 속부터 겉까지 시원하게 하는 짜릿함은 덜합니다. 요즈음은 아주 다양한 종류의 빙수들이 있지만 아무래도 빙수의 원조는 팥빙수입니다. 빙수에 팥이 빠지면 앙꼬 없는 풀빵과 같을 겁니다. 빙수의 팥, 풀빵의 앙꼬와 같이 전례에 '파스카 신비'가 없으면 존재 가치가 없어집니다. 이 파스카 신비는 하느님의 이 세상에 대한 사랑에서 계획되었고, 하느님의 뜻에 따라 이 땅에 오셔서 사람이 되신 하느님의 외아들 예수 그리스도에 의해서 이루어졌습니다.

**이 세상에 대한 하느님의 사랑에서 시작하고**
**예수님에 의해 성취된 구원!**

나는 '어떻게 구원을 받았는가?' '정말 구원받았을까?'라는 질문이 불현듯 떠오르는 경우가 있습니다. 구원받았다는 확신은 그리스도인에게 매우 필요한 부분입니다. 구원에 대한 확신이 부족하거나 의문을 품은 그리스도인들에게 요한 복음사가는 이렇게 확인해 줍니다. "하느님께서는 세상을 너무나 사랑하신 나머지 외아들을 내주시어, 그를 믿는 사람은 누구나 멸망하지 않고 영원한 생명을 얻게 하셨다"(요한 3,16). 또한 교회는 삼위일체 하느님의 구원 계획의 실현을 다음과 같이 고백합니다.

> "성부께서는 세상의 구원과 당신 이름의 영광을 위하여, 사랑하는 성자와 성령을 주심으로써 '당신 뜻의 신비'를 실현하신다. 이것이 바로 '그리스도의 신비'이다. 이 신비는 지혜롭게 정해진 계획에 따라 역사 안에서 계시되고 실현되었다."
>
> (가톨릭 교회 교리서, 1066항)

**주님의 수난, 죽음, 부활, 승천의 파스카 신비를 선포하는 전례!**

하느님의 뜻과 성령의 활동으로 인하여 동정녀 마리아께 잉태되시어, 베틀레헴에서 탄생하신 예수님은 참으로 인간이 되십니다. 이러한 육화의 신비는 하느님의 구원 계획을 실현하는 '파스카 신비'를 위해 필요한 과정이었습니다. 인간을 구원하고 하느님께 완전한 영광을 드리는 강생하신 말씀의 구원 경륜은 "구약의 백성 안에서 하느님의 위업으로 준비되었으며, 주님이신 그리스도께서 특히 당신의 복된 수난과 저승에서 살아나신 부활과 영광스러운 승천의 파스카 신비, 곧 '당신의 죽음으로 우리 죽음을 없애시고 부활로 생명을 되찾아 주신' 그 신비를 통하여 성취"(가톨릭 교회 교리서, 1067항)하셨습니다.

교회가 전례를 행하는 이유가 바로 "그리스도의 파스카 신비를 선포"(가톨릭 교회 교리서, 1066항)하는 것입니다. 교회는 예수님께서 "너희는 나를 기억하여 이 예를 행하라"(1코린 11,24) 하신 말씀에서 '기억'해야 하는 내용이 '그리스도의 파스카 신비'임을 확신합니다.

### 십자가에서<br>예수님의 옆구리에서 흘러나온 피와 물은 성사들의 예형!

파스카 신비에서 수난은 교회의 성사 설립의 기초가 됩니다. 십자가에 못 박힌 예수님께 군사 하나가 창으로 그분의 옆구리를 찌르자, 피와 물이 흘러나왔다고 요한 복음사가는 현장감 있게 서술하고 있습니다(요한 19,34 참조). 교회는 예수님의 옆구리에 흘러나온 피와 물이 "새로운 생명의 성사들인 세례와 성체성사의 예형"(가톨릭 교회 교리서, 1225항)이라고 믿고, 그때부터 하느님 나라에 들어가기 위해 "물과 성령으로"(요한 3,5) 새로 날 수 있게 된 것이라고 선언합니다. 그리스도께서는 당신의 파스카를 통하여 모든 사람을 위해 세례의 샘을 열어 주셨고, 예루살렘에서 당신께서 겪으실 수난을, 받아야 할 "세례"라고 말씀하셨습니다. 제베대오의 두 아들 야고보와 요한이 예수님께서 영광스럽게 되실 날에 자신들을 오른쪽과 왼쪽에 앉게 해 달라고 청했을 때 하신 말씀입니다. "너희는 너희가 무엇을 청하는지 알지도 못한다. 내가 마시는 잔을 너희가 마실 수 있으며, 내가 받는 세례를 너희가 받을 수 있느냐?"(마르 10,38). 예수님의 부활 영광에 참여하려면, 수난의 세례를 견디고 자신이 죽어 하느님의 자녀로 부활해야 함을 말씀하셨지만, 당시의 제자들은 이해하지 못했습니다.

### 파스카의 신비가 가장 잘 드러나는 성체성사!

파스카 신비의 절정인 십자가의 희생 제사가 바로 교회에 의해서 이 땅에서 계속해서 드려지고 있고, 그분의 유일한 희생 제사를 '지금 여기에서'(hic et nunc) 일어나는 사건으로 현재화하고 봉헌합니다. 이 사명을 교회는 주님께서 다시 오실 때까지 지속하여 행하라는 지상명령(至上命令)으로 여겼습니다.

> "우리 구세주께서는 잡히시던 그 밤에 최후 만찬에서 당신 몸과 피의 성찬의 희생 제사를 제정하셨다. 이는 다시 오실 때까지 십자가의 희생 제사를 세세에 영속화하고, 또한 그때까지 사랑하는 신부인 교회에 당신 죽음과 부활의 기념제를 맡기시려는 것이었다." (전례 헌장, 47항)

교회가 봉헌하는 성체성사를 통하여 그리스도께서 단 한 번 영원히 십자가 위에서 드리신 희생 제사는 언제나 현재에 일어나는 사건이 됩니다(히브 7,25~27 참조). 성찬례는 그리스도의 파스카를 기념하는 것이기에 희생 제사이고, "이는 너희를 위하여 내어 주는 내 몸이다" "이 잔은 너희를 위하여 흘리는 내 피로 맺는 새 계약이다"(루카 22,19~20)의 예수님의 성찬 제정 말씀에서 그 성격이 잘 나타납니다.

### "새로운 삶으로 옮아감"인 죽음은 그리스도인의 마지막 파스카!

죽음의 기초에는 예외없이 맞이해야 한다는 '보편성'과 피할 수 없이 받아들여야 한다는 '불가피성'이라는 특징이 있습니다. 그런데, 죽음의 이러한 두 가지 특징을 넘어서는 새로운 차원으로 예수님은 우리를 인도하십니다. 예수님께서는 수난받으시고 십자가에서 죽음을 맞이하셨지만, 그것이 끝이 아니라 오히려 새로운 삶의 차원인 부활을 하셨습니다. 이로 인하여 세례를 받아 파스카 신비의 첫발을 디딘 그리스도인들은 죽을 때도 새로운 삶이라는 희망을 지니고 주님께 자신의 영혼을 맡깁니다. 그래서 장례미사에서 사용되는 감사송에서 "주님, 믿는 이들에게는 죽음이 죽음이 아니요. 새로운 삶으로 옮아감이오니 세상에서 깃들이던 이 집이 허물어지면 하늘에 영원한 거처가 마련되나이다"라고 기도합니다.

교황 바오로 6세는 1969년 전례주년에 관한 자의 교서에서

“파스카 신비의 거행은 그리스도인들이 하느님께 드리는 예배 가운데 가장 중요하며, 그 거행은 날과 주간과 한 해의 흐름을 통하여 펼쳐진다”라고 말씀하시며 전례주년 안에서 그리스도의 파스카 신비의 중요성을 강조하셨습니다. 예수님의 죽음으로 우리 죽음을 없애시고 예수님의 부활로 우리 생명을 되찾아 주신 주님 수난과 부활을 기념하는 파스카 성삼일은 전례주년 전체의 정점이기에, 교회는 모든 그리스도인에게 ‘파스카 성삼일’ 전례 참석을 강하게 권고하고 있습니다.

세상을 구원하려는 하느님의 사랑을 구현한 주님의 파스카 신비는 교회가 거행하는 전례, 특히 성사들과 전례주년을 통해서 현재의 사건이 됩니다. 그런데 더 중요한 것은 세상에서 살아가는 모든 그리스도인이 그분을 닮도록 노력하여, 그리스도인이기에 겪는 고난을 그분의 수난에 결합시켜, 그분과 함께 영광을 받는 것입니다.

## 07
# 전례는 누가 거행하는가?

빛을 가만히 보고 있으면 흰색 하나인 듯하지만 프리즘을 투과하면 다양한 색들이 드러나듯이 전례를 거행하는 교회 공동체는 하나인 것 같지만 각기 다른 역할을 수행하고 있습니다. 삼위일체 하느님을 본받아 여럿이지만 하나이고 또한 하나이지만 여럿인 교회 공동체지요.

### 당신을 믿는 이들과 함께하시겠다는 예수님의 약속

"두 사람이나 세 사람이라도 내 이름으로 모인 곳에는 나도 함께 있기 때문이다"(마태 18,20)라며 당신의 이름으로 모인 곳에는 늘 함께 있겠다고 예수님은 약속했습니다. 이를 기억하는 교회는 모든 전례의 참된 주례자는 그리스도라고 다음과 같이 고백합니다. "전례는 온전한 그리스도(Christus totus)의 '행위'이다"(가톨릭 교회 교리서, 1136항). 예수 그리스도는 최후의 만찬에서 주례하셨듯이 지금도 교회에서 모든 전례에서 주례하고 계시며 미래의 천상 전례에서도 주례하십니다.

교회의 전례 중에 봉독되는 요한 사도의 묵시록은 "살해된 것처럼 보이는 어린양"(묵시 5,6)이라는 표상으로 십자가에 못 박혀 돌아가셨다가 부활하신 그리스도를 표현합니다. 그리고 히브리서는 "우리에게는 하늘 위에 올라가신 위대한 대사제가 계십니다. 하느님의 아들 예수님이십니다"(히브 4,14)라며 예수님은 참된 희생 제물이면서 동시에 참된 대사제라고 성경은 알려 줍니다.

### 성사 전례의 교역자, 직무 사제직

그리스도를 머리로 하는 신비체인 교회는 주님 안에서 모든 신자가 거룩하고 왕다운 사제직을 수행하며, 예수 그리스도를 통하여 하느님께 영적 제물을 봉헌하고, 자신을 어두움에서 당신의 놀라운 빛 가운데로 불러 주신 그분의 힘을 널리 알립니다(1베드 2,5.9 참조). 그런데, 주님께서는 신자들이 한 몸으로 결합되도록 신자들 가운데에서 어떤 이들을 교역자로 세우셨고 이들이 수행하는 사제직을 '직무 사제직'(교회 헌장, 10항 참조)이라고 합니다.

그리스도의 신비체에서 공동체를 위한 교회 직무를 수행하는 봉사자들을 주교, 신부, 부제라고 불립니다. "성부께서 축성하시어 세상에 보내신 그리스도께서는(요한 10,36 참조) 당신 사도들을 통하여 그 후계자들, 곧 주교들을 당신의 축성과 사명에 참여하게 하셨다. 주교들은 자기 봉사직의 임무를 여러 단계로 교회 안의 여러 아랫사람들에게 합법적으로 전수해 주었다."

(주교, 사제, 부제 서품 예식 총지침, 2항)

교구장 주교는 자기에게 맡겨진 개별 교회에서 하느님 신비의 으뜸 분배자요 모든 전례 생활의 지도자이며 촉진자요 수호자입니다(로마 미사 전례 총지침, 22항 참조). 성사에서의 주교만이 거행할 수 있는 것은 성품성사와 견진성사입니다. 신부는 주교의 협조자로서 자신에게 맡겨진 양 떼를 위해 세례성사, 성체성사, 고해성사, 혼인성사, 병자성사를 주례합니다. 봉사 직무를 위해 주교로부터 안수를 받은 부제는 전례에서 세례와 혼인을 주례하고 성체를 보존하고 분배하며, 복음을 선포하고 준성사를 집전하고 장례식을 주재합니다.

### 신자들의 보편 사제직

제2차 바티칸 공의회의 위대한 공헌을 드러내는 '보편 사제직'이라는 용어는 그리스도의 사제직에 참여하는 평신도의 특성을 잘 설명해 줍니다. "대사제 주 그리스도께서는(히브 5,1~5 참조) 새 백성이 '한 왕국을 이루게 하시고 또 당신의 하느님 아버지를 섬기는 사제들이 되게 하셨다'(묵시 1,6; 5,9~10 참조)"(교회 헌장, 10항). 보편 사제직을 수행하는 신자들은 직무 사제직과 밀접히 관련되어 있으며, 그 하나하나가 각기 특수한 방법으로 그리스도의 유일한 사제직에 참여하고 있습니다.

이러한 사제직에 참여하기 위해서 신자들은 세례를 통하여 교회의 한 일원이 되어 그리스도교의 예배를 드릴 수 있는 인호를 받고, 또 하느님의 자녀로 다시 태어나 교회를 통하여 하느님께 받은 신앙을 사람들 앞에서 고백하려고 힘씁니다. 또한 견진성사로 신자들은 더욱 완전히 교회에 결합되며 성령의 특별한 힘을 받아 그리스도의 참된 증인으로서 말과 행동으로 신앙을 전파하고 옹호하는 사명을 부여받습니다(교회 헌장, 11항 참조).

### 미사에서 신자들의 특별한 봉사

미사를 위해 모인 모든 신자는 전례 행위 안에서 자기 역할을 합니다. 기본적으로 미사에 참여하는 신자들은 함께 하느님 말씀을 듣고 기도하고 노래하며, 특히 공동으로 제물을 바치고 주님의 식탁에 참여하여 한 몸을 이룹니다. 이러한 일치는 신자들이 공동으로 하는 동작과 자세에서 잘 드러납니다(로마 미사 경본 총지침, 96항 참조).

미사 거행 때 특별한 봉사나 임무를 수행하는 신자들이 있습니다. 어떤 봉사인지 하나씩 알아보지요. 일반적으로 복사라고 하는 시종은 제대에서 봉사하고 사제와 부제를 돕는 직무를 받습니다. 주요 임무는 제대와 거룩한 그릇을 준비합니다. 공식적으로 시종직을 받은 봉사자는 필요하다면 비정규 성체 분배자로서 신자들에게 성체를 나누어 주는 일도 합니다. 독서자는 복음을 제외한 성경을 봉독합니다. 또한 보편 지향 기도에서 지향을 알리고, 독서 사이의 화답송과 알렐루야를 할 수 있습니다. 성가대는 자신에게 맡겨진 고유한 부분을 여러 가지 노래 형태에 따라 부르며, 더 나아가 신자들이 노래에 활발하게 참여할 수 있도록 도와줍니다. 제의실 담당자는 미사 거행에 필요한 전례서, 전례복, 다른 필요한 것들을 성실히 준비해 줍니다. 해설자는 필요에 따라 짧게 해설과 권고를 하여 신자들이 전례에 능동적으로 참여하도록 이끌어 주며, 거행의 내용을 잘 이해하도록 도와줍니다. 해설은 미리 신중하게 준비되어야 하고 간단명료해야 하며, 신자들에게 잘 보이는 알맞은 자리에 위치하지만, 독서대에서는 하지 말아야 합니다. 또한 전례에 참여하러 오는 신자들을 환영하고 안내하는 봉사자들도 있습니다. 이러한 신자들을 '전례 봉사자'라고 합니다.

신자 대부분은 깊은 신앙으로 전례에 참여하는 형제들을 사랑하며 삼위일체 하느님을 닮아서 서로 일치하려고 노력합니다. 그러나 때때로 본당공동체에서 보면 지나친 개인의 생각이나 판단을 중시하여 공동체의 선익을 해치는 개인주의적 태도나 몇몇이 그룹을 형성하여 공동체의 일치를 방해하는 분파주의의 성향을 보이기도 합니다. 이러한 개인주의적 태도와 분파주의적 성향은 교회 생활에 도움을 주지 못합니다.

하느님 앞에서 비천한 여종으로 하느님의 구원 사업에 협조하신 동정녀 마리아의 겸손한 태도를 본받아 다른 교우들의 이야기를 경청하고 하느님의 사랑으로 성령 안에서 예수님을 따르는 그리스도인들은 전례에서도 능동적 참여의 모범이라 생각합니다.

## 08
# 전례는 어떻게 거행되는가?

예비자 교리 교육을 위한 면담 과정에서 예비자에게 하는 질문 중에 "천주교 신앙을 가지려는 동기가 무엇입니까?"가 있습니다. 많은 경우 예수님의 인격 그 자체라기보다는 예수님을 둘러싼 다른 요소들 때문에 천주교에 입문하거나 다른 종교에서 개종을 합니다. 성당의 고요함과 엄숙함, 신부님과 수녀님의 모습, 천주교 신자들의 삶의 모범 등.

그렇다면 예수님이 아닌 다른 요소들이 예수님을 만나는 실존적 체험을 통해 참된 신앙으로 나아가는 데 필요가 없느냐라고, 말하는 분도 있겠지만, 그것은 아닙니다. 어찌 보면 예수님과 직접 실존적 체험을 하는 분도 있겠지만, 대부분은 그분을 드러내는 여러 요소(말, 음악, 동작, 장소)를 통해서 참된 신앙으로 나아가는 경우가 많고, 전례도 감각적인 표징을 통해서 삼위일체 하느님이 행하신 구원으로 신자들을 인도하고 있습니다.

### 영과 육의 인간은 '호모 심볼리쿠스'(Homo Symbolicus)

카르투시오회의 수도자 오귀스탱 길르랑은 언어와 침묵에 대해서 말하면서 몸과 영혼의 결합이 인간 전체를 이루는 필수 요소임을 확인시켜 줍니다.

> "언어는 단지 표면적인 껍질에 불과한 것이 아니라, 그 언어가 표현하는 그 몸 자체입니다. 이 몸과 그 영혼 사이에는 본질적인 결합이 존재합니다. 영혼은 몸을 위해 필요하고, 몸은 영혼을 위해 필요합니다." (「그들은 침묵으로 말한다」에서)

몸을 지닌 인간은 상징을 사용하여 소통을 하며, 하느님의 피조물 중에서 상징을 사용하는 것은 인간뿐입니다. "사람이 생물 하나하나를 부르는 그대로 그 이름이 되었다"(창세 2,19)라는 창세기의 구절을 통해 인간은 창조 때부터 의미를 지닌 '언어'라는 상징을 통해 생물에 이름을 부여했습니다. 그 이름을 대면 다른 인간도 그것이 무엇인지를 알게 되는 소통 능력을 하느님은 주셨습니다. 상징을 통해 소통을 하는 인간은 호모 심볼리쿠스입니다.

## 기호(signum)의 일종이면서도
## 기호와는 다른 특징을 지닌 상징(symbolum)

상징은 직접적으로 이해할 수 없는 실재를 가리키는 형식을 포괄하는 기호의 일종입니다. 따라서 상징은 어떤 의미를 전달하는 표지의 역할을 하는 기호의 일반적인 특징을 지니면서, 또한 여타의 기호와는 다른 특징들을 지니고 있습니다. 종교학자인 유요한은 엘리아데를 비롯한 여러 학자의 이론을 바탕으로 『종교, 상징, 인간』에서 상징의 일반적인 속성을 다음과 같이 밝힙니다.

첫째로 상징은 "두 겹의 지향성"을 품고 있습니다. 상징이 아닌 기호는 자기가 말하려는 것을 가리키는 지시적인 역할만 하지만, 상징은 문자대로의 의미를 넘어서 제2의 의미를 나타냅니다. 예를 들어 '때'(dirt)가 묻었다는 말은 일차적으로 얼룩이나 더러운 것이 묻었다는 물리적 의미를 나타내지만, 더 나아가 '때'는 또 다른 무엇을 의미할 수도 있습니다. '때로 얼룩진 양심'이나, '나는 때 묻은 사람이다' 등의 표현에서처럼 물리적 때가 아닌 인간의 특정한 조건이나 상태를 가리키게 됩니다.

둘째로 단순한 기호는 유비나 연상 관계가 없을 때도 사용되지만, 상징은 유비적 관계나 연상 관계를 근거로 합니다. 구약성경의 희생 제사에서 신에게 올리는 것은 고기가 아니라 연기와 향인데, 그것은 위로 올라간다는 속성 때문에 신에게 드리는 것입니다. 하늘의 신인 제우스에게는 뿔이 위로 향한 황소를 제물로 바치고, 대지의 여신 데메테르에게는 땅으로 고개를 향하는 모양을 한 돼지를 바치는 것도 이러한 유비적 연상 관계를 통해 설명됩니다.

셋째로 기호는 가리키는 의미의 대상을 바로 나타낼 수 있으나 상징은 이러한 기능을 넘어서 그 대상이 존재하는 것과 같은 분위기를 조성합니다. 예를 들어 묵주반지를 끼고 있으면 그 사람은 천주교를 믿으며 묵주기도를 열심히 하는 신자라는 배경을 자연스럽게 드러냅니다.

### 그리스도교의 전례 상징의 근간인 성경 상징

앞에서 말하는 상징의 특징은 각 종교의 예배에서 잘 드러납니다. 그리스도교도 고유한 상징 체계를 지니고 있으며, 이를 잘 활용하여 하느님과 대화를 하고, 인간 상호 간의 소통을 수월하게 합니다. 하느님과의 만남의 장(場)인 전례에서 특히 많이 사용하고 있는데, 이는 성경의 상징을 근간으로 합니다.

'상징'에 상응하는 단어로 σημείον(세메이온)이 있으며, 징표나 표지를 뜻하며, 구약에서는 80번, 신약에서는 60번 나타납니다. 구약의 성서적 상징들은 크게 네 가지 종류로 구분할 수 있습니다. 1) '창조의 상징'은 하느님께서 '당신과 비슷하게 당신 모습으로'(창세 1,26 참조) 창조하신 사람에게서 정점에 이릅니다. 2) '사건의 상징'은 커다란 구원의 때를 이루는 것으로 그 정점은 이집트 탈출 사건입니다. 3) '예식적 상징'은 이스라엘 축제와 전례적 가르침을 말합니다. 4) '형상의 표징'은 구체적인 역사적 인물이 수행한 구원의 임무나 백성에게 도움을 주는 구체적 역할을 의미합니다.

신약에서 이러한 상징은 연속성을 지닙니다. 예수님께서는 하느님 나라를 알려 주시려고 '창조의 상징'을 사용하셨고 '사건의 상징'과 '예식적 상징'이 예고한 것들을 이루시면서, 이 상징들이 당신을 향하게 하셨습니다. 당신의 구원 능력을 표현할 수 있는 상징적 동작들을 통하여 사람들을 치유하셨습니다(마르 7,33~35; 8,22~25; 요한 9,6 등). 예수님께서 숨을 거두시는 때에 "성전 휘장 한가운데가 두 갈래로 찢어졌다"(루카 23.46)라는 표현은 이제 유다의 성전 예배는 끝이 나고 새로운 예배가 그리스도를 중심으로 이루어지리라는 상징적 표현이라 하겠습니다.

## 인간 성화를 위한 전례 상징

> "전례 안에서 인간의 성화가 감각할 수 있는 표징들을 통하여 드러나고 각기 그 고유한 방법으로 실현되며, 그리스도의 신비체, 곧 머리와 지체들이 완전한 공식 예배를 드린다."
>
> (전례 헌장, 7항)

예수님의 제자 공동체는 처음부터 주님께 받은 상징(사도 2,41~42)과 다른 많은 상징(사도 8,17; 1티모 4,14; 5,22; 야고 5,14~15 참조)을 사용하였습니다. 전례 상징은 구원 역사에 대한 성서적 전망과 상징적 표현과 효과를 인간의 삶 안에 연장합니다. 신앙은 하느님의 말씀을 통하여 일어나고 그 말씀에 의존하지만, 전례에 참석하는 이들의 신앙을 양육하고 성장시키는 것은 전례 상징들입니다. 십자성호를 그으며 성호경을 외우고 손을 합장하는 것은 우리의 신앙을 아주 잘 드러내는 상징적 행동입니다. 이것부터 천천히 집중해서 한다면 성화의 한 걸음을 딛는 것이라 하겠습니다.

## 09
# 전례는 언제 거행되는가?

'가을' 하면 떠오르는 것은 '결실'입니다. 그래서인지 신앙의 결실이라고 할 수 있는 굳건한 신앙의 모범이며 결실인 순교자를 기리는 '순교자 성월'이 가을의 시작인 9월이라는 사실은 우연이 아니리라 생각합니다. 반면에 계절의 여왕이며 성모 성월인 5월은 꽃들이 아름다운 자태를 뽐내는 봄을 자연스럽게 떠오르게 합니다. 물론 아름다움을 만끽하는 봄도 좋지만, 꽃이 떨어지고 그곳에 열매를 맺기 시작하여 결실을 보여 주는 가을이 어느덧 더 좋아지는 것은 나이 탓일까요.

자신의 이미지를 이쁘고 우아하게 꾸미고 알아주는 사람들에게는 밝은 미소를 보여 주면서, 자신의 이미지를 실추시키는 사람을 생각하면 자존심 상해서 밤낮 속앓이를 할 때가 있습니다. 그러나 자신의 아름다운 이미지라는 자존심이 땅에 떨어지고, 세상과 사람을 보는 눈이 열려 화려함보다는 화려함 뒤에 숨어 있는 세상과 사람의 진면목을 바라보며 열매가 어떻게 익어가는지를 볼 수 있는 혜안(慧眼)을 갖기를 바라는 것도 나이 탓일까요.

인간으로서의 결실뿐 아니라 신앙에도 결실이 맺기를 바라는 신앙인이라면 세상에 태양의 열과 빛, 그리고 비와 바람을 내려 주시는 창조주 하느님께서 우리에게도 은총을 내려 주는 시간을 헛되이 보내지는 않을 것입니다.

### 인간의 시간과는 다른 하느님의 시간!

사랑하는 여러분, 이 한 가지를 간과해서는 안 됩니다. 주님께는 하루가 천 년 같고 천 년이 하루 같습니다. (2베드 3,8)

무한하신 하느님의 시간과 유한한 인간의 시간은 다르다는 것을 머리로는 압니다. 그러나 하느님을 믿는다고 하면서도, 우리는 하루살이처럼 자기 인생의 유한함을 한탄하면서 '이승에서 즐기며 살아야지' 하며 세상의 즐거움을 찾아다니거나, '내 인생은 벌써 망쳤어'라고 하며 한탄하기도 합니다.

하느님의 시간을 살기 위해서는 하느님과 함께 살아가는 방법을 익혀야 합니다. 하느님과 함께 살아가는 방법은 예수님의 말씀과 업적을 기반으로 형성된 교회의 전례 생활에 젖어 살면

됩니다. 그러기 위해서는 우주적 시간, 거룩한 시간, 구원 역사의 시간, 전례적 시간의 개념을 알아야 합니다.

'우주적 시간'(chronos)은 지구의 자전과 공전이라는 우주의 운동에 기초로 하여 초, 분, 시간, 일, 월, 연으로 구분하여 사물이 지속하는 기간이 얼마인지를 설명하는 단위입니다. 이 시간에서는 모든 시간이 동일하고 한 날과 다른 날의 구별이 없습니다(객관적 차원). 그러나 사람들은 우주적인 시간에 명시된 간격들과 일치하지 않게 자신의 존재에 일어나는 사건들을 생각하는 자의식을 가집니다. 사람에게 시간은 매 순간 고유하고 구별된 가치를 느끼게 하는 다른 차원들을 제공합니다(주관적·의미적 차원).

### 하느님의 개입으로 인해 우주적 시간에서 거룩한 시간으로

이러한 '우주적 시간'에서 살아가던 이스라엘은 자연적 축제가 아니라 하느님의 활동과 힘이 발현한 역사적인 날을 기념하는 축제를 지내기 시작합니다. 봄과 달의 옛 축제 '파사'(passah)가 이집트 탈출에서 드러난 하느님의 선하신 개입을 기념하는 완전히 새로운 파스카 축제가 되었습니다. 이것이 '우주적 시간'에서 '거룩한 시간'(kairos)으로 넘어가는 변화의 과정이고 이 중심에는 하느님의 개입이 있습니다. 이로써 하느님의 민족인 이스라엘은 우주적인 시간의 흐름을 따르면서도 인간 역사에서 하느님이 개입한 사건을 기념하는 축제를 드리며, 하느님의 현존을 발견하고 그분과 함께 살아가려고 노력합니다.

모든 구원적 성격의 '거룩한 시간들' 중에는, 다른 것들의 중심이 되는 사건이 있습니다. 그것은 예수 그리스도와 구원 역사의 충만인 그분의 파스카 신비의 사건인 '십자가 희생'입니다. 이 사건은 영원에서 '단 한 번'(ephapax) 있는 유일한 거룩한 시간입니다. 바오로 사도는 이 사건을 이렇게 서술합니다.

> "그분께서 돌아가신 것은 죄와 관련하여 단 한 번 돌아가신 것이고, 그분께서 사시는 것은 하느님을 위하여 사시는 것입니다." (로마 6,10)

## '단 한 번'의 사건에서 전례 거행의 시간으로

주님의 육화의 신비(마태 1,18; 루카 1,35)와 '단 한 번'의 파스카 신비(히브 7,27; 9,14)를 실현한 성령은 또한 예수님을 그리스도라고 고백하는 이들을 하느님의 자녀가 되게 하는 역할을 합니다. 그리고 성령은 교회로 하여금 복음 선포를 수행하게 하며, 세례와 성체성사를 비롯한 다른 성사들에 참여하고 항구하게 기도하는 신자들의 삶의 매 순간을 '거룩한 시간'이 되도록 돕습니다.

이러한 성령의 도우심과 함께 교회의 구원 활동, 특히 전례가 '거행될 때마다'(hosakis) '거룩한 시간' 중의 '단 한 번' 일어난 그 사건이 현재의 사건이 됩니다. 사도 바오로는 코린토 신자들에게 "사실 주님께서 오실 때까지, 여러분은 이 빵을 먹고 이 잔을 마실 적마다(hosakis) 주님의 죽음을 전하는 것입니다"(1코린

11,26)라고 말합니다.

## '시간 전례'와 '전례주년'은<br>우리의 일상을 거룩한 시간으로 바꾸는 전례!

요한 바오로 2세 교황은 교황 교서 「제삼천년기」에서 "육화된 말씀, 예수 그리스도 안에서 시간은 스스로 영원한 분이신 하느님의 차원이 된다"라고 했습니다. 이렇게 시간을 성화하기 위해서, 곧 우주적인 시간을 거룩한 시간으로 변화시키기 위해서는 하느님이 우리와 함께 계시는 현존을 깨닫고 그분을 만나는 시간을 소중히 여겨야 합니다. 교회는 이를 위해서 하루의 성화를 이루는 '시간 전례'(성무일도)와 일 년을 주님과 함께 살게 하는 '전례주년'이라는 전례를 마련한 것입니다.

'시간 전례'와 '전례주년'은 구원 사건을 기념할 뿐 아니라 그 사건을 현재에 일어나는 새롭고 '은혜로운'(1코린 6,2) 거룩한 시간의 차원이 되도록 합니다.

복자 야고보 알베리오네는 "전례는 사랑이신 하느님을 소유하도록 준비시켜 줍니다"라고 하며, 전례를 통해 일어나는 놀라운 일을 밝혀 줍니다. 창조주이시며 전능하신 하느님을 소유하게 된다면 우주적 시간을 넘어서 영원의 시간에 들어가게 될 것입니다. 우리는 자신이 시간의 주인이 되고 싶어 합니다. 그러나 그렇지 못할 때가 훨씬 많습니다. 우리가 무력해지고 자존심이 땅에 떨어지는 그 시간에 괴로워합니다. 그러나 그런 시련의 시간에 주님을 찾고 의지하면 꽃이 떨어진 그 자리에서 열매가 자라는 것처럼, 자신의 인간적인 노력과 힘이 바닥난 그때에 그리스도의 힘이 발휘됩니다.

> "나는 그리스도의 힘이 나에게 머무를 수 있도록 더없이 기쁘게 나의 약점을 자랑하렵니다." (2코린 12,9)

# 10
# 전례는 어디에서 거행되는가?

사람이 살아가는 데 필요한 세 가지를 '의식주'(衣食住)라고 합니다. 이것은 우리 한국 사람의 표현이고 중국인들은 '식의주'(食衣住)라고 하여 '마시고 먹는 일은 덕'이라는 중국문화의 특성을 드러냅니다. 여기서 사람의 거처를 뜻하는 '주'(住)는 마지막에 배치가 되어 있지만, 삶에 있어서 꼭 필요한 요소임은 분명합니다.

그리스도교 공동체가 하느님의 말씀을 듣고 그리스도의 몸으로 양육되기 위해서 모이는 공간이 필요합니다. 그곳을 천주교회는 보통 '성당'(聖堂)이라 하고, 성당은 전례적 필요에 따라 다양한 공간으로 구성되어 있습니다. 이번에는 예배의 공간이었던 구약의 성전 개념과 전례가 거행되는 성당의 시대에 따른 변천과 그 특성, 그리고 성당 내부의 전례를 위한 다양한 공간에 대해 살펴보겠습니다.

### 그리스도교 공동체를 위한 공식적인 성당이 생겼다!

예배를 거행하기 위해 불린 그리스도교 공동체는 모이기 위한 장소가 필요했습니다. 최후의 만찬을 위한 장소로 예수님이 미리 다락방을 준비하도록 제자를 보낸 것만으로도 알 수 있습니다. 구약의 이스라엘 민족에게 가장 중요한 장소는 아무래도 예루살렘의 대성전일 겁니다. 예루살렘 대성전이 하느님의 현존을 드러내고 그분께 예배를 드리는 최상의 장소이지만, 그분의 현존과 초월성을 지상의 성전이 담을 수 없는 분명한 한계가 있음을 솔로몬은 성전을 봉헌하면서 고백합니다. “저 하늘, 하늘 위의 하늘도 당신을 모시지 못할 터인데, 제가 지은 이 집이야 오죽하겠습니까?”(1열왕 8,27).

예수님께서 수난, 죽음, 부활, 승천을 통하여 파스카 신비를 드러내셨으며, 사도들은 예수님께서 최후의 만찬에서 명령하신 성찬례를 거행하기 위해 그분의 부활 날인 “안식일이 지나고 주간 첫날”(마태 28,1)마다 모여서, 세례받은 이들을 가르치고, “친교를 이루며 빵을 떼어 나누고 기도하는 일에 전념”(사도 2,42)했습니다. 유다인들과 같이 “**그들은 날마다 한마음으로 성전에 열심히 모이고 이 집 저 집에서**”(사도 2,46) 모였습니다.

70년 유다 전쟁으로 인하여 로마 군대가 예루살렘 대성전을 파괴한 후 이스라엘의 성전 예배는 더 이상 할 수 없게 됩니다. 초기 그리스도교 공동체는 기도와 예배를 위해 신자 중에서 어느 정도 규모가 되는 가정집에서 모였는데, 그 집을 '교회의 집'(Donus ecclesiae)이라 합니다. 여기서의 '교회'(ecclesia)는 모인 '회중'을 의미합니다.

박해 시기가 끝나고 성녀 헬레나 황후의 아들인 콘스탄티누스 황제의 밀라노 칙령(313년)에 의해 그리스도교가 자유를 얻게 되었으며, 당시 공공건물의 형식으로 유행하던 바실리카 양식의 대성당 건축을 황제의 지원으로 짓게 되었습니다. 최초의 공식적인 성당은 '라테라노의 성 요한 성당'(324년 실베스트로 1세에 의해 '지극히 거룩하신 구세주와 성 요한 세례자와 성 요한 복음사가 대성당'으로 봉헌됨)입니다.

### 시대와 지역마다 다른 양식으로 교회 건축은 발전했다

전례학자 마티아스 아우제가 『전례란 무엇인가』에서 말한 성당 건축의 시대적 변천 과정을 요약하면 다음과 같습니다. 그리스도교 바실리카 양식은, 전례가 거행되는 제단을 향해 모든 이의 시선을 집중시키는 세로 방향의 지평을 강조한 반면에, 비잔틴 양식의 교회는 원형의 돔에 의한 중앙부의 강조를 선호하면서 보다 역동적인 건축을 이루었습니다.

시간이 흘러 바실리카 양식은 수평과 수직, 단순과 장엄, 로마식 고정성과 프랑스-독일 민족의 역동성 사이에 조화를 이룬 로마네스크 양식으로 변모했습니다. 12세기 전반부터는 극적이고 활동적이면서 수직성을 강조한 고딕 양식이 프랑스를 중심으로 발전했습니다. 15세기에 들어오면서 고대로의 회귀인 르네상스 문예 부흥 시대에 고대의 원기둥과 기하학적 비례를 중시하는 성당이 지어졌으며, 트렌토 공의회(1545~1563년) 이후에는 신앙의 승리와 성취의 열정을 강하게, 때로는 비이성적으로 표현하는 바로크 양식이 등장했습니다. 낭만주의 문화와의 관련 속에서 19세기 전반에는 중세와 그 예술적 취향에 대한 새로운 열정이 일어난 '복고 시대'가 유행합니다.

이렇게 성당 건축은 시대와 지역에 따라 다양한 방식으로 발전했지만, 가장 안타까운 것은 사도 시대의 '교회의 집'에서 느꼈던 공동체의 친근감과 유대감이 시대의 흐름 속에서 직무들이 계급화되어 전례 공간에 적용되면서 제단은 높아지고 난간이 생겼으며 회중석과의 거리가 멀어졌습니다. 그래서 성직자와 평신도 사이의 구분이 명확해지고 회중은 전례의 구경꾼으로 전락하는 문제가 생겼습니다.

### 초심으로 돌아가려는 제2차 바티칸 공의회의 노력과 전례 공간들

제2차 바티칸 공의회는 「전례 헌장」에서 초기 교회의 원천적인 교회 정신을 드러내기 위한 성당 건축을 제안합니다. **"성당 건축에서는 전례 행위의 실행과 신자들의 능동적 참여 확보에 적합하**

**도록 힘써 배려하여야 한다**"(124항). 오늘날의 성당은 공동체가 전례 거행의 중심에 더욱 가깝게 위치하고, 또 밝은 환경 속에서 느끼고 활동할 수 있게 배치된 공간을 추구합니다.

주된 전례 공간은 주례하는 성직자들이 전례를 거행하는 주된 공간을 '제단'(presbyterium)이라 하는데, 이곳에는 성찬례가 거행되는 '제대'(altare), 하느님 말씀이 선포되는 '독서대'(ambo), 회중을 주도하고 기도를 이끄는 임무를 수행하는 '주례 사제의 좌석'(sedes sacerdotis celebrantis)이 배치됩니다. 신자들의 자리인 '회중석'(locus fidelium)은 신자들이 전례에 몸과 마음으로 올바르게 참여할 수 있도록 의자와 통로, 성가대석으로 구성되어 있습니다. 지극히 거룩하신 성체의 보존 장소인 '감실'은 보통 하나이고 붙박이로 만들어야 하며, 단단하고 깨지지 않는 불투명 재질로 만들고 기도하기에 알맞은 곳에 마련합니다. 이러한 전례 공간은 기본적으로 전례 행위를 원활하게 하며 신자들의 능동적 참여를 하도록 배치되어야 합니다.

'빛의 성전'이라 일컬어지는 롱샹 성당과 라 투레트 수도원을 설계한 현대 건축과 디자인의 선구자인 르코르뷔지에(1887~1965)는 "**훌륭한 비례는 편안함을 주고 나쁜 비례는 불편함을 준다**"는 철학을 건축에 구현한 위대한 건축가입니다. 그는 보이는 건축을 통해 보이지 않는 공간을 창출하는 데 탁월했습니다. 어찌 보면 보이지 않는 하느님의 공간과 지상에서 믿음을 고백하는 그리스도교 공동체의 공간을 훌륭한 비례로 구성하는 것이 성당 건축을 하는 이들의 고민이 아닐까 합니다. 눈을 현혹시키는 것들이 너무나 많은 현대를 살아가는 신앙인들에게 보이는 것을 넘어서 보이지 않는 것을 볼 수 있는 '혜안'(慧眼)이 꼭 필요한 시기에 전례에 대한 능동적 참여를 돕는 공간의 적절한 배치는 이런 영적 능력을 키우는 데에 도움이 됩니다. 여러분의 성당은 어떤가요? 하느님을 만나기에 편안한가요?

## 11
# 전례 교육은 무엇인가?

**"누가 나를 이끌어 주지 않으면 내가 어떻게 알아들을 수 있겠습니까?"**(사도 8,31). 이 말은 에티오피아 내시가 이사야 예언서를 읽는 것을 듣고서, 필리포스가 "지금 읽으시는 것을 알아듣습니까?"라고 질문하자, 내시가 답을 대신하여 되묻는 말입니다.

이를 전례에 적용하면, "지금 거행하는 전례를 얼마나 이해하고 계신가요?" 하고 묻는다면 신자들은 무엇이라 할까요? "누가 그것을 알려 주어야 저희가 제대로 이해하고 참석할 것 아닙니까?"라는 답변 아닌 질문을 할 것 같습니다. 이천 년이라는 시간이 녹아 있는 교회의 전례는 그 역사만큼 많은 상징으로 이루어져 있기 때문에 이에 대한 교육, 곧 지적인 차원을 넘어선 생활의 차원을 포함한 교육이 필요합니다.

### 전례 교육은 올바르고 깊이 있는 전례 생활을 위한 필요 요소!

스페인 전례학자로서 유명한 홀리안 로페스 마르틴 주교는 『교회의 전례』(장신호 옮김)에서 전례 교육의 필요성을 제2차 바티칸 공의회의 여러 문헌에서 언급하고 있다고 알려 줍니다. 그중에서 요한 바오로 2세의 교황 교서인 「25주년」(1988), 15항을 소개합니다. "지금 가장 긴급한 과제는 사제나 신자들 할 것 없이 하느님 백성 모두가 성서적 교양과 전례적 소양을 쌓는 문제입니다. (…) **이 교육은 오랜 숨결의 사업으로서 신학교와 수련원에서부터 시작하여, 사제 생활이 끝날 때까지 평생을 두고 이루어져야 할 성질의 것입니다. 이 교육은 처지에 따라 평신도들에게도 필요 불가결의 사업입니다.** 이들은 많은 지방에서 공동체의 중요한 직무를 맡도록 불림을 받았기 때문입니다." 전례 교육은 전례를 집전하는 사제뿐 아니라 전례에 능동적으로 참여하며 다양한 봉사를 수행하기 위해서 절대적으로 요구됩니다.

### 전례 자체의 본질에서 요구되는 능동적 참여를 위해서 요청되는 전례 교육!

제2차 바티칸 공의회 이전에는 전례에서 사용하는 언어가 라틴어였기에 일반 신자들이 이해하지 못해서 성찬례 동안에 말없는 '관중'으로 머물렀습니다. 그러나 전례 개혁을 통해 '모국어 사용'이 허용(전례 헌장, 54항 참조)되어 신자들은 더 이상 듣고 보는 '관중'이 아니라 '참여'하는 주체가 되어 하느님 백성으로 한목소리로 찬양과 청원을 드리며, 영성체를 하며 주님과 일치합니다. 그러나 이 정도의 참여는 "**모든 신자가 전례 거행에 의식적이고 능동적이고 완전한 참여를 하도록 인도되기를 간절히 바라는**"(전례 헌장, 14항) 교회의 원의에는 충분하지 않습니다.

여기서, '의식적' 참여란, 본인이 왜, 무엇을, 누구와 함께 참여하는지를 의식하는 깨어 있음을 말하며, '능동적' 참여는 전례에서 공동으로 행해지는 동작과 자세, 환호와 성가와 침묵 등에 적극적으로 임하는 태도를 의미합니다. 마지막으로 '온전한' 참여는 부족함이 없는 충분한 참여로서 처음부터 끝까지 전례에 있는다는 것을 강조합니다. 이러한 참여를 위해서 일차적으로 사목 현장에서 활동하는 영혼의 목자들이 마땅한 교육을 받아야 합니다.

## 전례의 정신과 힘에 완전히 젖은 사목자는 그리스도의 향기가 느껴진다!

사목자들이 전례의 영역에서 준비될 필요성은 전례에서 신자들이 능동적으로 참여하도록 교육하여야 하는 그들의 임무에서 비롯합니다. 이러한 임무를 달성하기 위하여 먼저 그들 자신이 "전례의 정신과 힘에 완전히 젖어들"(전례 헌장, 14항) 필요가 있지요. 제2차 바티칸 공의회는 신학교와 수도자 신학원에서 신학생들은 "거룩한 예식들을 이해하고 거기에 온 마음으로 참여할 수 있도록 적당한 지도를 받고 또 거룩한 신비의 거행 자체와 거룩한 전례 정신에 젖은 다른 신심 행위를 통하여 영성 생활의 전례 교육을 받아야 한다"(전례 헌장, 17항)라고 권고합니다. 이러한 지침에 따라 1970년(1985년 개정)의 「사제 양성의 기본 지침」과 1979년의 「신학교의 전례 교육에 관한 훈령」 등에서 분명한 교육 방향과 구체적 내용을 제시합니다. 「신학교의 전례 교육에 관한 훈령」에서 세 가지 관점을 분명히 밝힙니다. 1) "그리스도 정신을 길어 올리는 첫째 샘이며 또 반드시 필요한 샘"(전례 헌장, 14항)인 전례에 대한 완전하고 능동적인 참여에 각 개인이 입문해야 합니다. 2) 전례의 모든 관점에 대해서 더욱 완전한 이해에 도달할 수 있도록 학문적인 관점에서 전례를 공부해야 합니다. 3) 이론적인 이해뿐만 아니라 전례 거행을 준비하고 참여하는 것을 포함하는 전례 사목 분야에 실천적으로 입문해야 합니다.

### 세상에서 또 다른 그리스도로 살아가고 있는 신자들에게 필요한 전례 교육!

"세례를 통하여 교회에 합체되어 그리스도교의 예배를 드릴 수 있는 인호를 받고, 또 하느님의 자녀로 다시 태어나 교회를 통하여 하느님께 받은 신앙을 사람들 앞에서 고백하려고 힘쓰는"(교회 헌장, 11항) 신자들은 그리스도교 생활 전체의 원천이며 정점인 성찬의 희생 제사에 참여하여 신앙생활의 활력을 얻어야만 세상에서 복음을 말씀과 삶으로 선포할 수 있습니다.

예비자 교리, 견진 교리, 특강 등을 통해서, 주일 미사에서 행하는 강론을 통해서 부분적인 전례 교육을 받을 수 있습니다.

또한 전례 봉사의 직분을 받은 신자들의 경우에는 개인적이든, 소그룹으로든 공부를 하는 경우도 있습니다. 교구에 따라 전례 분과장이나 전례 교육의 필요성을 느낀 신자들을 위한 교육과정을 행하는 경우가 있습니다. 그러나 모든 교구가 행하는 것도 아니고 정기적이지 않는 경우가 많으며 전례 전체를 다루지도 않기에 한계가 분명합니다.

미래의 사제를 위한 전례 교육은 교회의 지침에 따라 어느 정도 실행되고 있지만, 이미 서품을 받아 사목 현장에서 전례 사목을 하고 있는 사목자의 경우, 교회에서 새롭게 발표하는 전례에 대한 문헌이나 예식들에 대해서 교육을 받기가 쉽지 않습니다. 주교회의에 전례위원회를 설치하고, 전례 전문가들을 양성하며 전례학회를 구성했지만 당면한 과제들을 수행하기 바쁜 상황입니다. 하느님 백성 전체가 전례에 능동적 참여를 하여 전례에 현존하시는 그리스도를 만나 구원 체험을 하도록 이끄는 전례 교육 체계가 한국교회에 절실히 요구되는 상황입니다. 특히 주일 미사 참석률이 급격히 떨어진 현재 교회 상황에서 더욱 그렇습니다. 그래서 이것이 맞는지 틀리는지를 묻기보다 이런 행동이나 말씀에 어떤 의미가 있고 하느님의 현존을 어떻게 느낄 수 있는지를 묻는 사제와 신자를 자주 만나면 좋겠습니다.

고사성어에 '지즉위진간'(知則爲眞看), 곧 '알면 참모습이 보인다'라는 말이 있듯이, 전례에 대해서 잘 알면 전례 거행에서 아버지 하느님과 성자 예수님의 참모습을 뵙고, 성령에 의해 참진리를 깨닫게 될 것입니다.

## 12
# 전례 생활을 잘하려면 어떻게 해야 할까?

"오늘 너희는 주님 목소리에 귀를 기울여라. 너희 마음을 무디게 하지 마라." (시편 95,7.8)

이 시편 구절에서 '오늘'은 시편 저자의 시대뿐 아니라 어느 시대에나 적용되는 시간 개념입니다. 왜냐하면 하느님은 어느 시간에만 계신 분이 아니기 때문입니다. 이 시편 구절은 3년에 가까운 코로나19 팬데믹 시대를 지내면서 주일 미사 참석률이 8.8%(2021년)에서 13.5%(2023년)로 나아지고는 있지만 팬데믹 전인 2019년 18.3%를 회복하지 못하는 한국천주교회의 현실에서 더욱 절실히 요구되는 신앙인의 태도가 아닐까 합니다.

이러한 코로나19 팬데믹과 그 이후 주일 미사 참석률 저하가 회복되지 않는 상황에서 함께 생각해야 하는 것은 전례에 참여하면서 해야 하는 '하느님을 만나는 체험'입니다. 말씀 전례와 성찬 전례라는 두 식탁을 통해서 신앙인을 양육하는 하느님을 만나는 체험이 없다면 지속적이고 활기찬 신앙생활을 하기 어렵습니다.

그렇다면 하느님과의 만남 체험을 하기에 가장 좋은 전례에 잘 참여하지 못하는 이유는 무엇이고 어떻게 하면 전례 생활을 잘할 수 있을까를 사회적 현상과 정신과학의 차원에서 이야기하려 합니다.

### 왜 전례에 잘 참여하지 못할까?

현대인의 병 중 하나가 만성피로라고 합니다. 전 세계적으로 약 10%의 인구가 만성피로를 호소한다고 알려져 있습니다. 만성피로증후군은 1% 정도라는 보고가 있고, 우리나라 성인의 약 40%가 만성적인 피로를 호소한다는 조사도 있습니다.

정신의학계의 권위자 이시형 박사는 『쉬어도 피곤한 사람들』에서 "**도시의 정신노동자들의 피로는 육체 피로가 아니라 정신의 피로다!**"라고 합니다. 뇌 피로의 요소를 '나이에 따른 위기감' '직업 스트레스' '급격한 사회 변화' '국제화 스트레스'를 뽑습니다. 거기에 뇌를 피로하게 만드는 잡념으로 '과거의 일에 대한 집착' '미래의 일에 대한 걱정'이라고 합니다. 이러한 뇌의 피로를 줄이는 휴식법으로 'Mindful Meditation'(마음 챙김 명상)을 추천합니다. 곧 지금 현재에 집중하는 명상이라 할 수 있습니다.

이것을 전례 생활에 적용시키면 좋은 결과가 생길 겁니다. 과거에 매이지 않고 미래에 대해 미리 걱정하지 않고 현재 자신이 만나는 사람과 시간에 집중하는 것이야말로 뇌의 피로를 해소하면서, 전례에서 하느님을 만나기 쉬워집니다. 모든 것을 알고 받아 주시며 우리 모두를 사랑하시는 하느님과의 만남은 참된 휴식입니다. 그래서 시편 저자는 이렇게 찬미했지요.

> "주님은 나의 목자, 나는 아쉬울 것 없어라. 푸른 풀밭에 나를 쉬게 하시고 잔잔한 물가로 나를 이끄시어 내 영혼에 생기를 돋우어 주시고 바른길로 나를 끌어 주시니 당신의 이름 때문이어라." (시편 23,1)

### 재미없는 전례?!

나이 드신 분들은 '전국노래자랑'을 보면서 춤추고 노래하는 반면에, 젊은이들은 'BTS' '블랙핑크'와 같은 한국이 낳은 세계적인 그룹에 환호하며 노래를 따라 합니다. 곧 당시의 사람들에게 흥미를 주고 화려한 퍼포먼스가 동반했을 때 사람들은 신나 하고 자신도 모르게 감동과 흥분을 합니다.

이에 반해 전례는 이런 퍼포먼스가 부족하고, 고리타분합니다. 일부 사목자들은 성가대와 조명과 강론 등으로 신자들의 열정을 불러일으키려고 노력합니다. 전례는 사회에서 보여 주는 퍼포먼스를 따라갈 수 없고, 또한 따라갈 필요도 없다고 생각합니다. 왜냐하면 전례가 비록 시대와 민족의 문화를 어느 정도 반영하지만 변하지 않는 요소로서 예수님으로부터 기인한 요소들은 시대와 지역을 넘어서 중심이 되어야 하기 때문입니다.

예수님은 파견되었던 열두 제자들이 돌아와 자기들이 한 일과 가르친 것에 대한 보고를 들으신 후에 평가를 하지 않으시고, 이렇게 말씀하십니다. “너희는 따로 외딴곳으로 가서 좀 쉬어라” (마르 6,31).

전례는 열정적인 자신의 신앙을 보여 주는 곳이라기보다 우리 아버지 하느님의 품에서 쉬면서 말씀과 성체로 에너지를 충전하는 곳입니다.

### 어떻게 하면 전례에 집중해서 참석할 수 있을까?

어떤 운동이나 취미생활도 처음부터 잘할 수는 없습니다. 배우고 익히고 습관이 들어야 합니다. 계속해서 참여하고 전문가로부터 배우면서 서서히 마음과 몸으로 익히다 보면 흥미와 재미가 생깁니다. 전례에 집중하며 참석하는 좋은 습관을 익히기 위해서 다음과 같은 단계를 연습하면 좋겠습니다.

첫째, ‘**집중하기**’입니다. 주님의 기도에서 “**오늘 우리에게 일용**

**할 양식을 주시고**"라고 했듯이, 어제도 내일도 아닌 오늘 주시는 하느님의 양식에 의식하며 집중하는 것입니다. 그러기 위해서 미사 시간에 스마트폰을 끄거나 진동으로 바꾸어 놓는 것입니다. 그리고 잡념을 흘려보내십시오. 사람은 물 한 모금 마실 때 일곱 번 생각이 바뀐다고 합니다. 그 정도로 이런저런 생각으로 집중하기 힘들게 하는 것이 잡념이기 때문에, 하느님의 말씀과 예식에 집중하고 그 밖의 생각이나 걱정은 잡념이라 여기고 그냥 흘려보내십시오. 자녀들이 부모님의 잔소리를 흘려보내듯이.

둘째, '**내적인 것을 외적으로 표현하기**'입니다. 내면의 것은 말이나 행동이나 표정 등을 통해서 드러나기 마련입니다. 교회에서 배운 전례적인 말이나 행동 양식을 통해서 자신의 신앙을 드러내는 연습이 필요합니다. 성호를 긋고 손을 모으고 절을 하며 성가를 부르는 외적인 행위는 자신의 내적인 신앙을 드러내는 좋은 형태입니다. 그래서 사도 바오로는 이렇게 로마인들에게 말씀하셨지요. "**마음으로 믿어 의로움을 얻고, 입으로 고백하여 구원을 얻습니다**"(로마 10,10).

셋째, '**공동체와 함께하기**'입니다. 우리나라 속담에 '백지장도 맞들면 낫다'는 말이 있듯이 혼자 하는 것보다 함께하는 것이 쉬운 법입니다. 물론 마음이 서로 통할 때 그렇지요. 사회적인 존재인 사람은 공동체와 함께 있을 때 자신도 모르게 자존감이 커집니다. 예수님은 공동체적 신앙의 중요성과 효과를 이렇게 확인해 줍니다. "**너희 가운데 두 사람이 이 땅에서 마음을 모아 무엇이든 청하면, 하늘에 계신 내 아버지께서 이루어 주실 것이다. 두 사람**

**이나 세 사람이라도 내 이름으로 모인 곳에는 나도 함께 있기 때문이다**”(마태 18,19~20).

마더 데레사의 삶에 대한 명언 중에 이런 말이 있습니다.

“생각을 조심하세요, 언젠가 말이 되니까.
말을 조심하세요, 언젠가 행동이 되니까.
행동을 조심하세요, 언젠가 습관이 되니까.
습관을 조심하세요, 언젠가 성격이 되니까.
성격을 조심하세요, 언젠가 운명이 되니까.”

제 2 부

# '슬기로운 전례 상징'

"성사의 거행은 표징과 상징으로 짜여 있다.
구원을 위한 하느님의 교육 방법에 따라
창조 사업과 인류 문화에 근거를 두고 있는 표징과 상징의 의미는
구약의 사건들 안에서 점차적으로 드러나며, 그리스도의 인격과
업적에서 충만하게 계시된다."

– 가톨릭 교회 교리서, 1145항 –

## 01
# 대림과 성탄 그리고 재의 수요일의 상징

이제는 '슬기로운 전례 상징'이라는 주제로 전례에서 사용되는 상징들을 통해 전해지는 하느님의 메시지, 곧 하느님의 사랑을 체험하는 데 도움을 드리려 합니다. 상징이란 낱말(그리스어 symballo, 함께 놓다)은 하나의 사물에서 나누어진 두 개의 조각이나 사물을 서로 맞추어 보아 확인하거나 식별한다는 의미입니다. 예를 들어 '하트' 자체는 사랑이 아니지만 일반적으로 하트를 보면 사랑을 떠올리는 것과 같이 '하트'는 상징이고, '사랑'은 하트라는 상징이 드러내려는 실재입니다. 전례 상징은 전례에서 함께 현존하시며 활동하시는 삼위일체의 사랑과 은총과 일치를 드러내는 말, 자세, 행동, 물건 등으로 이루어져 있습니다.

로욜라의 성 이냐시오는 "모든 것 안에서 하느님을 발견합니다"라고 말합니다. 이것은 모든 것 안에서 우리를 향한 하느님의 사랑을 발견한다는 뜻입니다. 하느님을 사랑하는 이들, 곧 그리스도인들은 "그분의 계획에 따라 부르심을 받은 이들에게는 모든 것이 함께 작용하여 선을 이룬다는 것을"(로마 8,28) 알고 있습니다. 특히 전례에서 사용되는 상징은 주님으로부터 기인하거나 역사적·문화적 산물을 교회가 받아들인 것으로써 하느님께 영광을 드리고 인간을 성화로 이끄는 지름길 역할을 합니다. 이러한 전례 상징에 대한 이해는 인간적인 감각을 불태우고 초월적인 존재를 알아보게 하는 새로운 감각을 일깨우는 불인 성령(루카 12,49~50 참조)을 받아들이고, 성경과 전례에 대한 지적 이해를 필요로 합니다.

이러한 바탕에서 이번에는 우주적 시간인 일 년 동안 예수 그리스도를 통해 펼치신 하느님의 구원 업적을 기념하는 전례주년에서 사용되는 몇몇 상징들, 특히 대림과 성탄, 그리고 재의 수요일의 상징을 통해 교회가 전하려는 하느님께 나아가는 길을 알아보겠습니다.

### 주님의 오심을 기다리는 대림환~!

대림환은 월계수나 전나무 또는 비슷한 나뭇잎으로 엮어 만든 화환이며 보통 자색에서 흰색으로 전환되는 네 개의 초로 장식합니다. 주님의 오심을 기다리며 회개와 속죄, 단식과 기도로 준비하다가 세상의 빛으로 오시는 주님을 맞이하는 기쁨을 드러내는 대림 4주간의 과정을 잘 드러냅니다. 대림환의 준비는 대림

환의 초를 켜 놓고 매일 기도를 봉헌해야 의미가 살아납니다.

기다림의 영성을 깊이 있게 성찰하게 하는 대림 시기는 두 가지의 성격을 지니고 있습니다. 이 시기는 한편으로는 하느님의 아드님께서 사람들에게 처음 오셨음을 기념하는 예수 성탄 대축일을 준비하고, 다른 한편으로는 이러한 기념을 통하여 시간이 끝날 때 두 번째 오실 그리스도를 기다리도록 사람들의 마음을 이끄는 때입니다(전례주년과 전례력에 관한 일반 규범, 39항 참조).

**주님의 구원 사업을 드러내는 성탄 트리~!**

"주 하느님께서는 동쪽에 있는 에덴에 동산 하나를 꾸미시어, 당신께서 빚으신 사람을 거기에 두셨다. (…) 동산 한가운데에는 생명나무와, 선과 악을 알게 하는 나무를 자라게 하셨다"(창세 2,8~9). 선과 악을 알게 하는 나무의 열매를 뱀의 유혹에 빠진 아담과 하와는 따먹고 죄를 지어 죽음과 삶의 고통이라는 벌을 받습니다.

이러한 원죄의 굴레에서 벗어나게 하려고 예수님은 십자 나무에 자신의 생명을 희생 제물로 내어 주어 죄와 죽음에서 우리를 구하여 영원한 생명을 얻게 하였습니다. 곧 십자 나무는 생명나무였던 것입니다. 성탄 트리는 선과 악을 알게 하는 나무이면서도 동시에 생명을 주는 십자 나무를 드러내고, 빨간 방울은 선악과, 하얀 방울은 지금도 우리가 영하는 성체를 의미합니다.

성탄 트리의 꼭대기를 장식하는 큰 별은 '세상의 빛'(요한 8,12)으로 오신 예수님은 '별'(마태 2,2)을 통하여 동방 박사들을 인도하셨음을 말합니다. 이제는 그 '별'을 통하여 우리를 당신께로 인도하여 당신을 닮아 '세상의 빛'이 되어 달라고 요구하십니다.

**"당신 자신을 비우시어 종의 모습을 취하신"(필리 2,7)**
**하느님의 아들을 드러내는 구유~!**

성모 마리아와 성 요셉 이외에 가장 처음으로 아기 예수님을 경배할 수 있는 영광을 누린 목자들에게 천사들은 이렇게 말합니다. "너희는 포대기에 싸여 구유에 누워 있는 아기를 보게 될 터인데, 그것이 너희를 위한 표징이다"(루카 2,12). 다윗 고을에서 구원자, 곧 주 그리스도께서 태어나셨는데, 그분은 아기의 잠자리가 아닌 동물의 먹이를 놓는 구유에 누워 계신 아기였습니다. 이는 당신 자신을 비우시고 사람들에게 먹히는 존재가 되리라는 것을 미리 보여 주시는 상징이 아닐까 합니다.

현재와 같은 구유 경배는 아시시의 성 프란치스코가 강생의 신비에 대한 사목적이고 교육적인 차원에서 1223년 이탈리아 중부 작은 마을 그레치오에서 행한 구유 경배에서 유래했습니다. 한동안 교부들의 '소도 제 임자를 알고 나귀도 제 주인이 놓아 준 구유를 알건만'(이사 1,3)에 대한 해석 때문에 구유에 소와 나귀는 꼭 있어야 한다는 통념이 있었습니다. 오리게네스는 『루카 복음 강해』에서 "소는 정결한 동물이고 나귀는 부정한 동물입니다. 이스라엘 백성은 자기네 주님의 구유를 알지 못했지만, 부정한 이방인들은 알았습니다"라고 해석하였고, 아우구스티노 역시 그의 설교집에서 "유다인들에게서 나온 소와 이방인들에게서 나온 나귀가 모두 같은 구유에 나와 말씀의 먹이를 발견했습니다"라고 언급했습니다. 가축들의 먹이를 놓는 구유에 누워 계신 예수님은 사람을 위해 낮은 곳에 임하신 겸손과 모든 것을 내어 주는 봉사를 드러내고, 말씀과 성체를 통해 우리를 양육하시는 당신의 한없는 사랑을 떠올리게 합니다.

### "사람아, 너는 먼지이니, 먼지로 돌아갈 것을 생각하여라"

사순 시기를 시작하는 재의 수요일에 재를 얹어 주며 사제가 말하는 예식문으로 "너는 먼지이니 먼지로 돌아가리라"(창세 3,19)에서 유래했습니다. 재는 불에 타고 남는 가루 모양의 물질로, 불이 그 임무를 완수한 후에 남은 것입니다. 따라서 재는 하찮고 무가치한 것, 허무를 나타냅니다. 이 같은 무(無)에 대한 생각은 유다-그리스도교 전통에서 신의 은총이 없을 때 겪는 정신적이고 신체적인 죽음에 얽힌 생각과 관련이 있습니다. 신의 은총이 없다는 것은 곧 하느님이 보내 주신 불인 성령이 꺼졌음을 의미합니다. 하느님의 은총 없이는 재와 같이 무(無)임을 그리스도인 모두가 깨닫고 "사순 시기에 정성껏 재계를 지켜 죄를 용서받고 새 생명을 얻어 부활하시는 성자의 모습을 닮게" 되기를 교회는 재를 축복하면서 기도합니다.

"처음부터 있어 온 것, 우리가 들은 것, 우리 눈으로 본 것, 우리가 살펴보고 우리 손으로 만져 본 것"(1요한 1,1)을 통하여 우리에게 영원한 생명을 주시려고 하느님이 펼치시는 구원의 신비로 한 걸음씩 들어가는 하루하루가 되었으면 참 좋겠습니다.

## 02
# 절기에서의 색깔

계절마다 자연은 다양한 색깔을 우리에게 보여 줍니다. 봄에는 연두색 새싹, 꽃이 피는 시기에는 다양한 색들의 향연이 펼쳐지는 자연을 만납니다. 짙은 녹색이 인상적인 여름을 지나 가을이 되면 단풍으로 대표되는 빨간색과 은행잎이 드러내는 황금빛 노란색 등이 초록색과 어우러져 감탄을 자아내며, 겨울에는 아무래도 눈이 쌓인 하얀 세상이 떠오르지요.

이러한 자연의 색깔들은 빛이 있어야 구분이 가능합니다. '색'과 '빛'은 창조주 하느님이 우리에게 주신 선물입니다.

후기 인상주의 화가인 빈센트 반 고흐(1853~1890)는 동생인 테오에게 보낸 편지에서 이렇게 썼습니다. "너도 알다시피 나는 그림에 푹 빠져 있단다. 그러니까 나는 색에 빠져드는 중이야." 그림과 색은 뗄 수 없는 관계이고 화가뿐만 아니라 일반 사람들도 자신이 좋아하는 색에 빠지는 경우가 종종 있습니다. 또한 언제부터인가 보이그룹이나 걸그룹이 자신들을 상징하는 색을 통해 팬들을 하나로 만드는 경향이 대세가 되었습니다. 여러분은 어떤 색에 빠져 있나요?

그리스도교는 오래전부터 전례에서 색을 통해서 하느님의 구원 사건의 다양한 측면을 드러내려고 노력을 했습니다. 특히 교회는 제의에 여러 가지 색깔을 사용하여 "거행하는 신앙의 신비의 특성과 전례주년에 따라 진행하는 그리스도교 삶의 의미를 겉으로도 더욱 효과 있게 드러내려"(로마 미사 경본 총지침, 345항)고 합니다.

### 성서적 배경에 따라 전례 색깔을 정리한 인노첸시오 3세!

인노첸시오 3세(재위 1198~1216)는 『제대의 거룩한 신비』(*De Sacro Altaris Mysterio*)에서 전례 시기의 고유한 특성에 따라 구분해야 하는 제의의 네 가지 기본 색깔을 정리합니다.

> "네 가지 색, 즉 흰색, 빨간색, 보라색, 초록색은 로마 교회가 그날의 고유한 특성에 따라 거룩한 제의를 구분하는 색이다. 우리는 사실 율법서에 나오는 사제복의 색이 네 가지, 즉 금색, 자주색, 자홍색과 다홍색(탈출 28장 참조)이었음을 잘 알고 있다. 흰색 제의는 증거자와 동정녀 축일 때 입고, 빨간색 제의는 사도들과 순교자들 대축일 때 입는다. 이 점에 대해 아가서의 신부는 이렇게 말한다. '나의 연인은 눈부시게 하얗고 붉으며 만인 중에 뛰어난

사람이랍니다'(아가 5,10). 주님은 증거자들과 동정녀들에게는 순수하고 사도들과 순교자들에게는 빨간색과 같다. 사도들과 순교자들은 붉은 장미의 꽃송이들이며 증거자들과 동정녀들은 들녘에 핀 흰 백합들과 같다. 그러므로 완전무결함과 무죄함을 드러내기 위해 증거자와 동정녀의 축일 때에는 흰색 제의를 사용해야 한다. 사실 나자렛 사람들은 순수하며 항상 흰옷을 입고 주님과 함께 걸었다. '그들은 동정을 지킨 사람들로서 여자와 더불어 몸을 더럽힌 일이 없습니다. 또한 그들은 어린양이 가는 곳이면 어디든지 따라가는 이들입니다'(묵시 14,4)."

그리고 흰색 제의를 사용해야 하는 축일들을 다음과 같이 제시합니다. 천사들의 축일, 주님과 세례자 요한의 탄생일, 주님 공현, 마리아 정화의 날(현재의 주님 봉헌 축일, 2월 2일), 주님의 만찬, 주님 부활, 주님 승천, 주교 서품 등입니다. 빨간색 제의는 십자가 현양, 성령 강림, 성 베드로와 성 바오로 축일, 바오로 회심 축일, 동정녀인 순교자 축일 등입니다. 보라색 제의는 범한 죄와 죽은 이를 위한 고통의 날과 금욕의 날에, 곧 대림 시기와 사순 시기에 사용합니다. 특이한 것은 대림 제3주일과 사순 제4주일에는 장미색을 사용할 수 있다고 전해줍니다. 초록색은 "나르드와 사프란 향초와 육계 향 온갖 향나무와 함께"(아가 4,14)라고 말할 때의 색을 의미하며 평일과 연중 시기에 사용한다고 알려 줍니다.

### 현재의 거룩한 옷인 제의 색깔은 어떤가?

제2차 바티칸 공의회의 전례 개혁은 전통과 현대화의 조화를 위해 노력하면서 인노첸시오 3세가 정리한 내용들을 많이 반영했습니다. 『로마 미사 경본 총지침』 346항에서 다음과 같이 제시하고 있습니다.

ㄱ) 흰색: 주님의 부활 시기와 성탄 시기의 시간 전례와 미사 때 쓴다. 그 밖에 수난에 관계되는 거행을 제외한 주님의 축제일, 복되신 동정 마리아, 거룩한 천사들, 순교자 아닌 성인들의 경축일, 모든 성인 대축일(…) 등에 쓴다.

ㄴ) 빨간색: 주님 수난 성지 주일과 성금요일, 성령 강림 대축일, 주님의 수난 전례, 사도들과 복음사가들의 천상 탄생 축일, 그리고 순교 성인들의 경축일에 쓴다.

ㄷ) 초록색: 연중 시기의 시간 전례와 미사 때 쓴다.

ㄹ) 보라색: 대림 시기와 사순 시기에 쓴다. 죽은 이들을 위한 시간 전례와 미사에도 쓸 수 있다.

ㅁ) 검은색: 관습에 따라 써 온 곳에서 죽은 이를 위한 미사에 쓸 수 있다.

ㅂ) 분홍색: 관습에 따라 써 온 곳에서 '기뻐하여라' 주일(대림 제3주일)과 '즐거워하여라' 주일(사순 제4주일)에 쓸 수 있다.

ㅅ) 더욱 성대하게 경축하는 날에는 그날의 색깔이 아니더라도 축제일 색깔이나 더 품위 있는 색깔의 거룩한 옷을 입을 수 있다.

한국 교구들에서는 특별히 성대하고 기쁜 전례 예식 때는 황금색을 쓴다. 죽은 이를 위한 미사와 시간 전례에서는 흰색을 쓴다.

## 다양한 전례 색깔의 바탕에는 검은색과 흰색이 있다

거행하는 신비의 특성과 전례주년 시기에 따라 달라지는 제의 색깔의 바탕에는 검은색과 흰색이 있습니다. 보편 교회는 사제 복장에 대해서 "주교회의에서 제정한 규범과 그 지방의 합법적 관습에 따라 적절한 교회 복장을 입어야 한다"(교회법, 제284조)고 규정하고, 한국천주교회에서는 모든 공식 행사에 "수단 또는 로만 칼라"(한국 천주교 사목 지침서, 제15조)를 착용하라고 정했습니다.

수단의 경우, 사제는 수도복에서 유래한 '검은색'을 사용하는데, 이는 금욕을 뜻하는 고행과 속죄의 표식으로 이 세상의 헛된 욕망들을 포기하고 저세상에서 영광의 옷을 입게 되길 바란다는 뜻을 담고 있습니다.

반면에 미사 거행에서 주례 사제가 입어야 할 고유한 옷인 제의를 입기 전에 먼저 장백의와 영대를 합니다. 여기서 장백의는 라틴어 'alba'에서 알 수 있듯이 '흰색'이어야 하는데, 이 흰색은 거룩한 변모 때 예수님이 "새하얗게"(마르 9,3) 빛났다는 것과 무덤에 묻힌 그리스도의 몸을 감쌌던 흰 아마포(요한 20,6 참조)를 통해 알 수 있듯이 부활의 상징입니다.

수단과 장백의에서 드러난 검은색과 흰색은 죽음과 부활로써 어둠을 이기는 빛으로 이 세상에 오신 구세주 예수님의 파스카 신비를 살아야 하는 사제적 삶을 드러내는 것이 아닐까 합니다.

# 03
# 전례에서의 동작과 자세

언제부턴가 '한류'(韓流, Korean Wave)라는 말이 심심치 않게 들려왔고, 드라마, 영화, 음악, 음식, 패션, 화장품, 관광, 무술, 산업 등에서 대한민국의 문화가 세계에 알려지는 현상이 점점 범위를 확대하고 있습니다. 여기에 한국인들의 예의범절이 돋보이기 시작했습니다. 2021년 세계적인 흥행을 일으켰던 드라마 '오징어 게임'의 주인공 이정재 씨는 미국 토크쇼에 출연했을 때 환호 속에 등장하여 활짝 웃는 얼굴로 제자리에 선 채 관객들을 향해 깊이 허리 숙여 인사를 했습니다. 이를 본 해외 누리꾼들은 이 한국식 인사에 '겸손과 친절을 갖춘 행동'이라며 극찬했습니다.

이렇듯 동작과 자세는 말 이외에 자신의 의도를 드러내는 소통의 매개체 중 하나입니다. 그리스도의 신비체인 교회는 역사의 흐름 속에서 문화적인 통합 과정을 거치면서 통일되고 일관된 동작과 자세를 전례에서 사용했습니다. 이 동작과 자세를 통하여 하느님으로부터 은총과 말씀을 내려받고, 또한 하느님께 찬미와 감사와 청원을 드리는 소통의 상하운동을 합니다. 머리는 절, 손은 십자성호, 무릎은 무릎 꿇음과 연결하여 그 의미와 전례에서의 활용을 살펴보겠습니다.

### 하느님께는 흠숭을 다른 대상에게는 공경과 영애를 드리는 절!

인사는 사람과 사람 사이를 이어 주는 다리 역할을 합니다. 인사는 다양한 형태로 이루어집니다. 몸을 굽히기, 악수하기, 미소 짓기 등은 원칙적으로 몇 마디 말이나 한마디 말을 덧붙임으로써 그 뜻이 강화되기도 합니다. 신약에서 대천사 가브리엘은 나자렛의 마리아 집에 나타나 그분께 격식을 갖추어 "은총이 가득한 이여, 기뻐하여라. 주님께서 너와 함께 계시다"(루카 1,28)라고 인사했습니다.

전례에서 "절은 어떤 이나 그의 표상에 공경과 영예를 드림"(로마 미사 경본 총지침, 275항)을 뜻하며, 허리를 굽히는 깊은 절과 고개를 숙이는 절 두 가지가 있습니다.

미사를 시작하면서 사제는 복사들과 함께 입당 행렬을 하여 제단 앞에 이르러 제대에 깊은 절을 합니다. 이 깊은 절은 신경에서 '성령으로 인하여 동정 마리아' 부분(로마 미사 경본 총지침, 136항 참조), 축성된 빵을 거행한 다음, 성작을 거양한 다음, 그리고 영성체하기 전에도 합니다(로마 미사 경본 총지침, 274항 참조). 깊은 절은 하느님에 대한 지극한 흠숭을 드러내는 동작이지요. 다른 나라에서는 입당 때를 제외하고는 무릎 절을 하지만, 한국교회는 무릎 절을 깊은 절로 대신합니다.

고개를 숙이는 절은 "하느님의 세 위격을 한꺼번에 부를 때, 그리고 예수님이나 복되신 동정 마리아의 이름을 부를 때, 어떤 성인을 공경하여 거행하는 미사에서 그 이름을 부를 때"(로마 미사 경본 총지침, 275항 ㄱ) 합니다. 그래서 영광송에서 '영광이 성부와 성자와 성령께' 부분에서 고개를 숙이지요.

### 삼위일체 하느님을 통하여 구원되었음을 고백하는 십자성호!

전례학자인 로마노 과르디니(1885~1968)는 "영혼은 몸의 모든 선과 자태와 움직임에서 드러난다. 그중에서도 얼굴과 손을 영혼의 뛰어난 도구이며 거울"이라고 말합니다. 때때로 손짓 하나가 주는 의미가 상당하다는 것을 생각하면 로마노 과르디니의 말은 설득력이 있습니다. 전례 상징에 관한 책인 『전례와 일상의 거룩한 표징』의 저자인 에곤 카펠라리는 많은 종교에서 "손은 하느님을 지향하고, 하느님과 나누는 대화, 하느님 말씀을 경청하는 것을 드러내는 표현"이라 했습니다.

로마 제국에서 죄인에 대한 사형 도구였던 십자가가 "하느님의 어린양"(요한 1,29)이신 예수 그리스도께서 매달리시면서 '구원의 도구'로 바뀌었음을 아실 겁니다. 그리스도인이 십자성호를 긋는 것은 우리 주께서 십자가를 통하여 온 인류를 구원하셨음을 믿고 고백한다는 의미입니다. 로욜라 이냐시오 성인의 십자성호에 대한 말씀은 깊이 새길 필요가 있습니다.

> "우리가 거룩한 성호를 그을 때 손가락을 우선 이마에 댑니다. 이는 어느 누구에게도 매이지 않으신 하느님 아버지를 의미합니다. 그런 다음 우리는 몸에 손가락을 댑니다. 이는 아버지로부터 낳음을 받으시고 거룩한 동정녀 마리아의 몸 안으로 내려오신 우리 주님, 성자를 의미합니다. 그러고 나서 우리는 손가락을 양어깨에 댑니다. 이는 성부와 성자에게서 발하시는 성령을 의미합니다. 그러고 나서 손을 다시 모으면 이는 세 위격께서 하나의 본체이심을 나타내는 것입니다."

### "들어가 몸을 굽혀 경배드리세, 우리를 만드신 주님 앞에 무릎 꿇으세"(시편 95,6)

한국 성당에서 80년대까지는 있었는데, 지금은 찾기 힘든 것이 있는데, 그것은 장궤틀입니다. 이젠 고해소에서 겨우 찾을 수 있습니다. 13세기부터 보편적인 기도 자세 중의 하나로 자리 잡은 무릎을 꿇음은 하느님 앞에서의 겸손을 잘 드러내는 자세입니다. 예수님께서는 최후의 만찬 때 제자들 앞에서 몸을 굽히시고 제자들의 발을 씻겨 주셨지요(요한 13,5 참조). 이러한 동작은 인간을 향한 예수님의 자신을 낮추는 겸손의 태도를 압축하여 보여 줍니다. 성경에서 자주 언급되지는 않지만, 시편의 다음 구절은 이스라엘 민족에게도 이 동작이 주님께 경배를 드리고 겸손을 표하는 자세라는 것을 알려 줍니다. "들어가 몸을 굽혀 경배드리세, 우리를 만드신 주님 앞에 무릎 꿇으세"(시편 95,6).

미사에서는 건강상의 이유나 자리가 좁거나 사람이 너무 많거나 다른 합당한 이유가 아니라면, "성체 성혈 축성 때는 무릎을 꿇어야 한다"(로마 미사 경본 총지침, 43항)라고 말합니다. 중요한 성변화의 순간에는 가장 겸손한 자세를 취하는 것이 당연하지 않을까요?!

교우들이 전례 중에 가장 오랫동안 취하는 자세는 서 있는 자세와 앉은 자세입니다. 서 있는 자세는 긴장하고 깨어 있으며 환호하며 준비된 자세입니다. 따라서 초기 그리스도인들은 태양이 솟아오르는 동쪽을 향하여 서서 양팔을 들고 기도했다고 하며 이는 카타콤바의 벽화 '기도하는 사람'에서 확인할 수 있습니다. 경청하고 묵상하기에 적절한 앉은 자세는 말씀 전례 때 취하는 자세입니다.

전례에 참여하는 모든 사람이 갖추어야 할 통일된 동작과 자세는 "거룩한 전례에 모인 그리스도교 공동체 구성원이 이루는 일치의 표지"이며 "참여하는 사람들의 마음과 정신을" 표현해 주고 길러 줍니다(로마 미사 경본 총지침, 42항 참조). 이렇듯 몸이 취하는 동작과 자세를 통해서 전례 회중은 가장 높은 공경과 흠숭을 드러냅니다.

## 04
# 파스카 신비에 푹 빠지게 하는 상징들

우크라이나와 러시아, 이스라엘과 하마스의 전쟁이라는 인재(人災)와 세계 곳곳에서 발생하는 지진과 폭우라는 천재(天災)로 인해 수많은 사람이 죽음을 맞이했고, 셀 수 없이 많은 피해자가 발생했습니다. 이에 대해 마음 아파하고 안타까워하는 이들이 기도와 관심, 그리고 실질적인 도움으로 그들과 함께하고 있습니다. 인재나 천재나 인간이 쉽게 해결할 수 없는 현실이기에 하늘을 바라보며 그분을 원망하고 불평하다가 그분께 도움을 청하는 것이 인간의 모습이 아닌가 생각합니다. 곧 죄로 인해 생긴 죽음 앞에서 인간의 미약함과 무력함은 극대화됩니다.

이천 년 전에 자신의 본모습을 잃어버리고 하느님에게서 멀어져 죄와 죽음 속에서 무력하게 방황하는 인류를 구속하기 위해 대신 수난을 받고 죽고, 부활한 분이 있었습니다. 바로 예수 그리스도이시지요.

**“그들은 벌써 자루옷을 입고 재를 뒤집어쓰고 앉아 회개하였을 것이다”**(마태 11,21; 루카 10,13)

에곤 카펠라리는 『전례와 일상의 거룩한 표징』에서 “재는 불과 정화된 흙의 요소”라는 자연적인 특성과 함께, “불사조가 재에서 새 생명을 얻어 나왔다”라는 신화적 개념을 통해 그리스도교의 부활 희망을 다음과 같이 설명합니다. “그리스도교 신자들은 부활하여 자신의 역사인 흙과 재가 심판의 불꽃을 거쳐 정화된 후 하느님 곁에 올라 영원히 머물게 된다고 믿습니다.”

재의 수요일에서 재를 축복하며 바치는 기도에서 흙의 한 요소인 재가 바로 우리 자신임을 깨닫고, 사순 시기에 정화의 과정인 재계를 정성껏 지켜서 성자처럼 부활의 영광을 누리길 기원합니다. “저희가 바로 재임을 알고, 먼지로 돌아가리라는 것을 알고 있사오니, 사순 시기에 정성껏 재계를 지켜 죄를 용서받고 새 생명을 얻고, 부활하시는 성자의 모습을 닮게 하소서.”

재를 얹는 예식은 하느님 앞에서 자신이 하찮고 용서가 필요한 존재임을 인정하고, 예수 그리스도께서 보여 주신 부활의 영광에 동참하기 위해서 재계를 통한 정화의 필요성을 깨닫게 합니다.

## "성자를 통하여 신자들에게 사랑의 불을 놓아 주셨으니"

주님 부활 대축일 파스카 성야는 '빛의 예식'으로 시작합니다. 이 예식은 '불 축복'으로 시작합니다. 불이 가지는 자연적·인간적·영적 의미에 대해서 로마노 과르디니는 『거룩한 표징』에서 이렇게 서술합니다. "불이란 생명과 통하는 것이다. 생활한 우리 영혼의 가장 순수한 상징이다. 우리 내심의 가장 산 체험들의 상징이다. 따뜻하고 빛나며 언제나 생동하고 언제나 위로 오른다. (…) 불은 우리 내심의 표상으로, 상승하며 빛나는 강한 정신의 표상으로 타오르는 것이다." 그러면서 제대와 감실에 불을 켜두는 것은 그것이 우리 생명의 상징이며 표현이기 때문이라고 설명합니다.

이러한 의미와 함께 불 축복 기도에서는 하느님이 예수 그리스도를 통하여 주신 "사랑의 불"에 감사드리며 천상의 삶으로 이끌어 달라고 청합니다. "하느님, 성자를 통하여 신자들에게 사랑의 불을 놓아 주셨으니 새로 마련한 이 불을 거룩하게 하시어 저희가 이 파스카 축제를 지내며 천상의 삶을 갈망하고 깨끗한 마음으로 영원한 빛의 축제에 참여하게 하소서."

## "영광스럽게 부활하신 그리스도님, 이 빛으로 저희 마음과 세상의 어둠을 몰아내소서"

하느님께서 천지를 창조하시면서, 처음으로 "빛이 생겨라"

(창세 1,3) 하셨고, 지혜문학에서 "정녕 빛은 달콤한 것, 태양을 봄은 눈에 즐겁다"(코헬 11,7)라고 감탄한 것을 보면 빛의 근원이 바로 하느님이심을 밝혀 줍니다.

'재'나 '불'처럼 '빛'도 생명과 근본적으로 연결됩니다. 생명은 빛을 필요로 하고 생명체는 빛을 향합니다. 요한 복음에서 예수님은 당신을 "세상의 빛"(8,12)이라고 하시고 "길이요 진리요 생명"(14,6)이라고 계시하십니다. 또한 그분은 사마리아 여인과의 대화에서 "내가 주는 물은 그 사람 안에서 물이 솟는 샘이 되어 영원한 생명을 누리게 할 것"(4,14)이라고 희망찬 이야기를 들려주신 것과 일맥상통합니다. 예수님 안에 "생명이 있었으니 그 생명은 사람들의 빛"(1,4)이기에 그리스도인은 그분을 향해 나아가고 그분과 함께 있다 보니 영원한 생명을 얻게 됩니다.

빛의 예식 중에 사제는 새 불에서 파스카 초에 불을 댕기면서 다음과 같이 기도합니다. "영광스럽게 부활하신 그리스도님, 이 빛으로 저희 마음과 세상의 어둠을 몰아내소서."

어둠은 빛을 이기지 못하고, 빛은 어둠에서 분간할 수 없었던 것들을 식별하여 몰아낼 수 있도록 합니다. 예식에서 파스카 초의 빛이 세상에 퍼져나가는 것을 점진적으로 드러냅니다. 세 번 부제(또는 사제)가 파스카 초를 높이 들고 "그리스도 우리의 빛"이라 외치면 신자들은 "하느님 감사합니다"라고 응답합니다. 처음에는 사제가 파스카 초에서 자기 초에 불을 댕기고, 두 번째에는 신자들 전체에게 불을 댕겨 주고, 세 번째에는 독서대 옆이나 제단 안에 마련된 큰 촛대에 파스카 초를 놓을 때 성당 안의 불을 모두 켭니다. 그리고 제대 초는 구약의 마지막 독서와 화답송과 기도가 끝나면 파스카 초에서 불을 밝힙니다.

**사제가 대영광송을 시작하면 모든 이가 함께 노래한다. 그동안 지역 관습에 따라 종을 친다.**

성목요일 주님 만찬 미사에서 대영광송에 관한 위의 세부 지침을 보면서, 떠오르는 그림이 밀레의 「만종」입니다. 멀리 보이는 성당 종소리에 맞추어 들판에 있던 가난한 부부가 가만히 고개 숙여 기도하는 모습은 참으로 인상적입니다. 성당 종소리를 듣는 모든 신자가 기도하는 전통은 언제부터 유래했을까? 전례 역사가인 엔리코 카타네오는 『서방 그리스도교 예배』(*Il culto cristiano in occidente*)에서 1264년 교황 우르바노 4세가 '그리스도의 성체 성혈 대축일'을 새로 제정하였고, 이와 연관하여 "성당에서 그리스도의 몸이 축성되는 순간에 집과 작업장에 있는 사람들에게 하던 일을 잠시 멈추고 경배하도록 종을 울리는 관습이 확대되었다"라고 말합니다. 이런 전통에 따라 현재도 성변화와 연관된 '성령 청원'과 '성찬 제정과 축성문' 때에 종을 사용합니다.

파스카 성삼일의 시작인 성목요일 '주님 만찬 미사' 대영광송 때부터 종을 치지 않는 것은 8세기부터 시작되었고 주님의 수난을 동참하기 위해 기쁨을 멀리하며 검소한 삶을 살겠다는 의지의 표시입니다. 축제의 악기인 종과 오르간을 사용하지 않았던 것은 '귀의 단식', 천으로 십자가와 성화를 가리는 것은 '눈의 단식'이라 하지요. 성삼일 동안 오르간이나 다른 악기 사용을 금지했던 과거와 달리, 현재는 반주를 위해서는 오르간이나 다른 악기 사용을 허용하고 있습니다.

파스카 시기의 상징들과 함께 주님의 부활 영광에 참여하는 기쁨을 누리시길 바랍니다.

## 05
# 전례에서의 거룩한 옷

언제부터 사람은 옷을 입었을까? 의식주(衣食住)는 사람이 생존해 가는 데 필수적인 3가지 기본 요소입니다. 문명사회를 살아가는 현대 인류에게 옷 없이 산다는 건 상상하기도 어렵습니다. 성서적 맥락에서는, 사람이 죄를 짓고 "눈이 열려 자기들이 알몸인 것을 알고, 무화과나무 잎을 엮어서 두렁이를 만들어 입었다"(창세 3,7)라는 창세기의 내용을 통해서 하느님과 함께 사는 에덴 동산에서는 필요 없던 옷이 죄를 지어 죽음을 맞이하는 유한한 세상에서 삶의 필수요건이 되었음을 알 수 있습니다.

초기 교회에서 성찬례를 거행하면서 어떤 옷을 입었을까? 이에 대해 구체적으로 말해 주는 문헌은 없지만, 옛 지하무덤의 그림들을 통해 유추해 보면 당시 로마 시민들의 평상복을 입고 성찬례를 거행했음을 알 수 있습니다.

**'옷이 아니라 가르침을 통하여,**
**복장이 아니라 품행을 통하여,**
**장식이 아니라 마음의 깨끗함을 통하여'**

언제부터 평상복과 전례복이 구분되기 시작했을까? 콘스탄틴 황제의 밀라노 칙령(313년)으로 인해 그리스도교가 박해에서 벗어나 자유를 얻고, 황제로부터 후원을 받아 대성당을 건립하면서부터 전례에 사용하는 제구와 거룩한 옷이 발전합니다.

첼레스티노 1세 교황(422~432)이 428년에 작성한 갈리아 지역의 「비엔나와 나르본 지방의 주교들에게 보낸 둘째 편지」에서 옷에 이상한 장식을 하려는 경향에 대해 비난하면서 성직자들이 시민들과 구별되어야 하지만, '옷이 아니라 가르침을 통하여, 복장이 아니라 품행을 통하여, 장식이 아니라 마음의 순수함을 통하여' 다른 이들과 구별되어야 한다고 강조했습니다.

요한 3세 교황 시대(재위 560~573)에 그려진 칼리스도 카타콤바의 성 코르넬리오 지하무덤 프레스코화에 단순한 달마티카(현재의 부제복)와 제의에 팔리움을 걸친 3세기에 순교한 식스토 2세 교황(257~258)과 동료 순교자들이 묘사되어 있습니다. 6세기 초기의 『교황 연대기』(*Liber Pontificalis*)에서 일상적인 복장과 전례에서 착용하는 의복이 달라야 함을 말합니다. 6세기 라벤나에 세워진 성 비탈레 성당 모자이크에서 유스티아노 황제와 부제들을 대동한 막시미아노 대주교가 등장하는데, 여기서 황제의 복장과 구별되는 전례복으로 전통적인 달마티카와 제의가 보입니다.

**"성품과 직무를 받은**
**모든 등급의 봉사자에게 공통되는 거룩한 옷은**
**허리에 띠를 매는 장백의다"**(로마 미사 경본 총지침, 336항)

『로마 미사 경본 총지침』에서는 '거룩한 옷'(335~347항)이라는 제목으로 전례복에 관한 규정을 제시합니다. 성찬례 거행은 교회의 몸 전체에 관련되며, 교회의 각 지체는 위계와 임무와 실제 참여 정도에 따라 각기 다른 모양으로 성찬례 거행에 관여합니다. '거룩한 옷'은 여러 가지 임무를 수행하는 각 봉사자의 고유 임무를 드러내는 표지입니다.

그런데, 성품과 직무를 받은 모든 등급의 봉사자에게 공통되는 거룩한 옷이 있는데, 그 옷은 요한 묵시록에 등장하는 "희고 긴 겉옷"(묵시 7,13)을 연상시키는 장백의입니다. 장백의를 입으면서 하는 "(…) 제 마음을 어린양의 피로 깨끗이 씻으시어"라는 기도는 요한 묵시록 7장 14절을 인용한 것으로 희고 긴 장백의를 입고 거행하는 어린양의 희생 제사를 통하여 마음도 깨끗해지기를 기원합니다.

장백의가 띠 없이도 몸에 잘 맞으면 띠는 없어도 됩니다(336항 참조). 또한 장백의가 평상복(성직자는 수단 또는 로만 칼라, 수도자는 수도복)의 목 부분을 가리지 못하면 먼저 개두포를 두르고 입어야 합니다. 곧 개두포나 띠는 꼭 필요한 것이 아니라 장백의가 목을 못 가리거나 몸에 잘 맞지 않을 때 사용합니다.

현재, 한국에서 자주 사용되는 '약식 제의'라는 용어는 잘못된 것으로, 목을 가리고 몸에 잘 맞도록 만들어서 개두포와 띠가 필요 없는 '장백의'를 말하며, 이를 한국천주교회 주교회의에서는 '예절 장백의'라고 부르기로 했습니다.

### 구원의 사업을 펼치신 주님의 멍에를 의미하는 제의는 사제가 죽을 때도 입는다

목에 걸쳐 무릎까지 늘어지게 착용하는 넓은 띠의 형태인 영대는 성무를 집행하거나 전례를 거행한다는 것을 표시하는 상징입니다. 부제는 왼편 어깨에서 오른쪽 옆구리로 비스듬히 걸치고, 사제는 목에 걸쳐 양쪽으로 늘어뜨리는 방식으로 착용합니다. 전례 시기에 따라 색깔이 구분되며, 고해성사에는 보라색을, 세례와 병자성사, 성체 강복 등에는 흰색을 사용합니다. 영대를 하면서 "원조의 타락으로 잃어버린 불사불멸의 영대를 제게 도로 주시어"라고 기도하면서 영원한 생명으로의 회복을 기원합니다.

장백의에 영대를 한 사제는 제의를 입고 '그리스도를 대신하여'(in persona Christi) 미사에서 회중을 이끕니다. 사제는 전례 거행을 할 때 사적이고 주관적인 행위를 포기하는 마음의 자세를 지니고, 자신이 아니라 그리스도의 인격으로 주례해야 함을 인식해야 합니다. 이러한 인식은 제의를 입으면서 하는 기도인 "주님께서는 '내 멍에는 편하고 내 짐은 가볍다'고 하셨으니 제가 주님의 은총을 입어 이 짐을 잘 지고 가게 하소서"에서 잘 드러납니다. 제의는 사제의 죽음에 동반하여 장례 때 제의를 입은 시신을 볼 수 있습니다. 교황의 장례 때에는 일반 장례미사에서 사용하는 흰색, 보라색, 검은색이 아니라 빨간색 제의를 입는데, 이것은 옛 로마의 전통을 교황님 장례에서만 유지한 것으로 교황이 주님과 교회를 위해 살아온 희생적 삶을 드러냅니다.

### "진리의 의로움과 거룩함 속에서 하느님의 모습에 따라 창조된 새 인간을 입어야 한다"(에페 4,24)

일상적인 복장과 달리 전례를 위한 거룩한 옷은 내적 변화의 과정, 하느님을 닮아 사람들과 하나가 되는 과정, 인간의 죄의 역사로부터 생겨나 커지고 계속 새로이 자라난 죄의 장애물을 극복하는 과정을 겪는 새로운 공동체를 상기시킵니다. 베네딕토 16세는 『전례의 정신』에서 전례복의 의미를 다음과 같이 강조합니다. "전례복은 사제가 본래의 자기로부터 벗어나 그리스도에 의해 그리스도를 향한 새로워짐의 역동성에 들어가도록 요구한다. 또한 전례복은 미사에 참여한 사람들에게 세례로 시작되어 성찬례 동안 계속되고 성사를 통해 이미 우리 일상에 모습을 드러낸 그리스도의 현존으로 뻗은 새로운 길을 상기시킨다."

전례에서 직무자가 입는 거룩한 옷은 단순한 기능적 역할을 넘어, "그리스도를 입고"(갈라 3,27) 자신이 아니라 그리스도를 나누어 주며, 스스로 그리스도를 위한 도구가 됨을 의미합니다.

## 06

# 세례성사의 상징: 물과 성령 그리고 세례수

— "생명과 정화 그리고 죽음과 부활의 표징" —

물은 생명을 위한 안식처입니다. 태중의 아이는 양수 안에서 헤엄치지요. 또한 생명 유지에도 물은 음식보다 더 중요합니다. 물 없이는 삼 일 버틸 수 있고, 음식 없이는 한 달 정도 견딜 수 있다고 하지요. 세상의 문명 기원에는 항상 물이 흐르는 강이 있는 것이 사람의 생존에 절대적으로 필요한 것이 물이기 때문이지요. 물은 생명의 시작과 유지에 필수 요소이면서, 또한 멸망과 파괴의 요소이기도 합니다. 2011년 일본 후쿠시마를 강타한 쓰나미는 그 파괴력이 얼마나 큰지를 깨닫게 합니다. 구약에 나오는 '노아의 홍수'(창세 7,6~24)는 물이 "땅 위에 백오십 일 동안 계속 불어났다"(창세 7,24)고 전해 줍니다. 이렇듯 물은 생명과 멸망의 이중성을 지니면서 일상생활에서는 모든 것을 씻어 주는 정화의 역할을 수행합니다. 물의 자연적인 생명, 파괴, 정화의 역할이 세례성사에 들어와서 삼위일체 하느님의 구원 사업과 연결되어 신학적·영성적 의미를 지니게 됩니다.

### 하느님 아버지의 구원 업적에 함께한 물!

세례에 앞서서 필요한 세례수를 축복하는 '세례수 축복 기도'는 물과 관련된 하느님 아버지의 구원 사건, 여섯 가지를 기억합니다. "주 하느님, 성사의 표징을 통하여 보이지 않는 힘으로 구원의 신비를 이루시니 주님께서는 여러 가지 모양으로 물이 세례성사의 표징이 되게 하셨나이다."

성경의 창조 이야기인 "하느님의 영이 그 물 위를 감돌고"(창세 1,2)를 떠올리게 하는 "태초에 성령께서 물 위에 머물게 하시어 그때 이미 물이 거룩하게 하는 힘을 지니게 하셨나이다"라는 표현을 통해, 세례에서의 가장 중요한 두 요소인 물과 성령이 창조에도 함께했음을 알려 줍니다. 이어지는 "홍수를 통하여 죄를 씻고"를 통해 노아의 홍수로 인하여 인류의 죄를 정화했음을 기억하게 합니다. "아브라함의 후손들이 마른 발로 홍해를 건너 파라오의 종살이에서 벗어나게 하시어 세례받은 새 백성의 예표로 삼으셨나이다"라고 기도하며 출애굽 사건을 통해 이스라엘 민족을 자유롭게 하였듯이 세례받은 그리스도인들에게 새로운 삶을 주심을 암시합니다. "성자께서는 요르단강에서 요한에게 세례를 받으실 때 성령으로 축성되시고"라는 표현은 성령으로 거룩하게 된 예수의 인성이 요르단강 물에 닿아, 그분으로 인하여 강물에 성화의 능력을 전하게 됨을 말합니다. "십자가에 달리시어 옆구리에서 피와 물을 흘리셨으며"는 "군사 하나가 창으로 그분의 옆구리를 찔렀다. 그러자 곧 피와 물이 흘러나왔다"(요한 19,34)는 요한 복음 말씀을 상기시키며 이로 인하여 피에서 성체성사의 표지를, 물에서 세례성사의 표지를 보게 합니다. 마지막으로 "너희는 가서 모든 이에게 복음을 전하고 성부와 성자와 성령의 이름으로 세례를 주어라 하고 제자들에게 명하셨나이다"에서는 예수님이 제자들에게 승천하기 전에 명령하신 사명을 전해 줍니다.

이런 성서적 배경을 통하여 세례수는 새 생명의 효과적인 표징, 죄와 죄에 대한 죽음의 표징, 마귀의 종살이에서 해방되는 표징, 성화의 표징, 성령 은총의 표징, 성부와 성자와 성령께 드리는 봉헌의 의미를 포함합니다.

### 물이 거룩한 능력을 지닐 수 있도록 하는 성령!

성령은 태초의 물 위에 머물고, 홍수 후에 올리브 나뭇가지를 가져온 비둘기로, 출애굽 중에 구름으로, 예수님의 세례 때 비둘기로, 예수님의 뚫린 옆구리에서 흐르는 물로 상징화되었습니다. 세례수 축복 기도는 성령이 물에 내려와서 거룩한 능력을 지닐 수 있도록 청합니다. "교회의 정성을 굽어보시고 교회 안에 세례의 샘이 솟아나게 하소서. 성령의 힘으로 외아드님의 은총을 이 물에 부어 주시어 하느님의 모습으로 창조된 사람이 세례성사로 온갖 묵은 허물을 씻어 버리고 물과 성령으로 새로 태어나게 하소서.”

이스라엘 백성을 이끌고 광야 생활을 하던 “모세가 손을 들어 지팡이로 그 바위를 두 번 치자, 많은 물이 터져 나왔다”(민수 20,11)는 이야기와 예언적 관점에서 성전에서 흘러나오는 물, 곧 “주님의 집 문지방 밑에서 물이 솟아 동쪽으로 흐르고 있었다”(에제 47,1)를 연상시킵니다. “물이 솟는 샘”(요한 4,14)이신 그리스도에게서 흐르는 물은 성령의 활동을 통하여 그의 은총을 가져다줍니다. 세례수는 성령을 통하여 양육되는 교회의 표징이 되며, 이 교회에서 사람들은 하느님의 자녀로 새롭게 태어납니다.

### 그리스도와 함께 죽어 묻히고 부활하게 하는 세례!

“세례로 그리스도와 함께 죽어 묻힌 모든 이가 그리스도와 함께 새 생명으로 부활하게 하소서”라는 세례수 축복 기도는 “우리는 그분의 죽음과 하나 되는 세례를 통하여 그분과 함께 묻혔습니다. 그리하여 그리스도께서 아버지의 영광을 통하여 죽은 이들 가운데에서 되살아나신 것처럼, 우리도 새로운 삶을 살아가게 되었습니다”(로마 6,4~5)라는 바오로 사도의 가르침을 따라 세례의 은총을 표현했습니다.

물속에 푹 잠기는 침례(浸禮)는 물의 파괴성과 생명력을 동시에 깨닫게 하며 그리스도의 파스카 신비에 참여하도록 하는 예식으로 변화시켰습니다. 안셀름 그륀은 『세례성사 — 생명의 축제』

에서 그리스도와 함께 죽음과 부활의 의미를 현실적인 삶에 적용합니다. "새사람으로서 살기 위해 이 세상에 대해 죽는다. 성공과 업적, 인정받기와 대접받기가 아니라 하느님에 의해 우리 자신을 규정한다. 이것은 참된 자유를 의미한다. 교회의 세례는 거기서 정체 전환이 일어남을 가리킨다. 아이는 자기의 참본질과 접촉하면서 이 세상의 종속에서 자유롭게 된다."

다른 사람과 세상의 기준이 아닌 자기의 참본질인 하느님을 만나서 그분에 의해 자신을 규정한다는 전환은 현실을 살아가는 그리스도인들에게는 늘 화두가 되는 이야기입니다. 세례를 받았지만, 매년 파스카 성야가 되면 세례 갱신을 하는 이유가 세례를 통해 이미 자기의 참 본질인 하느님을 만나서 세상의 종속에서 벗어나 자유를 얻었음을 상기시키기 위해서가 아닐까 합니다. 왜냐하면 우리는 이집트의 생활을 그리워하는 이스라엘 민족처럼 늘 세상의 종속을 그리워하고 그리스도인으로서의 불편함에 투정을 부리기 때문입니다.

몹수에스티아의 테오도로가 『교리교육에 관한 강해』에서 세례에서의 물의 의미를 잘 설명해 줍니다. "주교는 성령의 은총을 물 위로 내려 주시어 성사적인 탄생 장소가 되도록 하느님께 간청한다. 이는 그리스도께서 니코데모에게 '물과 성령으로 태어나지 않으면, 하느님 나라에 들어갈 수 없다'(요한 3,5) 하신 말씀과 통한다. 성령이 어머니 태중에 만든 씨앗을 육체로 탄생하도록 받아준 것처럼 물은 세례로 태어나는 사람의 모태(母胎)이다. 따라서 세례자는 성령의 은총으로 두 번째로 태어나게 될 것이다."

## 07

# 견진성사의 상징: 도유와 성령칠은

— "그리스도의 참된 증인이 되게 하는 성령!" —

보통, 사람들 사이에 서로를 위해 축하하거나 기억하는 날들이 있습니다. 대표적으로 태어난 날인 생일(生日), 돌아가신 날인 기일(忌日), 부부라면 결혼기념일이 있지요. 여기서 성장 과정에서 성숙한 날을 기념하는 성인식(成人式)도 있습니다. 성인이 됨은 청소년이 유년기를 거쳐 성인으로 인정받는 법적인 효력을 지니는 시기라고 하겠습니다. 우리나라는 따로 성인식을 해 주지는 않지만, 17세가 되어 '주민등록증'을 발급받거나 18세가 되어 선거권을 행사할 수 있는 경우에 축하해 줍니다. 어른이 된다는 것은 사회에서 성숙한 한 인격체임을 인정받음과 동시에 그에 따르는 사회적 임무를 수행해야 한다는 책임도 주어집니다.

세례가 그리스도교에서 '영적인 탄생'이라면 견진은 성숙한 '영적인 어른'이라는 것을 인정받으며 또한 그리스도의 참된 증인이 되어야 하는 사명을 부여받는 성사입니다. 주교님의 '안수와 도유'로 성령을 받아 영적으로 성숙한 어른으로 인정받아, '대부·대모'(代父·代母)의 자격을 부여받는 견진의 상징에서 도유에 사용되는 성유(聖油)와 그와 더불어 수여되는 성령칠은(聖靈七恩)에 대해 살펴보겠습니다.

### 성령의 수여의 상징인 안수와 도유!

신약성경에서 그리스도교 입문을 위한 일반적인 과정으로서 세례와 구분되어서 성령을 수여하는 고유한 예식은 나타나지 않고, 대신 세례에서 성령이 선사된다고 말합니다. 사도 바오로에 따르면, 세례는 성령의 수여까지 의미하며(1코린 6,11), 요한 복음은 "물과 영"을 통한 탄생(요한 3,5)에 대해 말하면서 성령이 세례와 밀접히 연결되어 있다는 것을 암시합니다. 성령의 수여와 세례를 분리하여 말하는 대표적인 구절은 사도행전 8장 14~17절로, 여기에서는 사도들의 안수를 통한 성령의 수여를 세례의 완성으로 이해합니다.

또한 세례와 결부되어 성령의 수여를 의미하는 '도유'(塗油)에 대한 언급도 있습니다. "우리를 여러분과 함께 그리스도 안에서 굳세게 하시고 우리에게 기름을 부어 주신 분은 하느님이십니다. 하느님께서는 또한 우리에게 인장을 찍으시고 우리 마음 안에 성령을 보증으로 주셨습니다"(2코린 21~22. 참조: 1요한 2,20.27). 여기서는 도유, 성령 전달이 '인장'(印章)이라는 표현과 연결되는

데, 인장이라는 말도 고대 사회와 종교에서 중요한 역할을 했습니다. 유다교에서는 할례를 계약의 인장으로 해석했습니다.

### 함께 이루어졌던 세례와 견진의 분리!

3세기 말까지는 주교가 파스카 성야나 성령 강림 전야에 세례를 베풀었습니다. 3세기 초에 작성된 것으로 추정되는 히폴리투스의『사도 전승』21장이 증언하듯이 세례 대상자는 사제의 인도로 침례를 받고 나면 주교는 그에게 안수를 하고 성유를 바르고 이마에 십자 표시를 해 주었습니다. 그런데 시간이 지나면서 세례와 주교의 안수가 서서히 분리됩니다.

313년 밀라노 칙령으로 그리스도교의 자유가 선포되어 신자들이 급증하게 되면서 세례가 자주 베풀어졌고, 주교가 있는 도시에서 멀리 떨어진 시골에도 본당들이 많이 세워지게 되었습니다. 그러면서 사제나 부제가 세례성사를 집전하고, 주교의 안수는 따로 이루어져서 세례와 안수가 시간적으로 분리되는 현상이 일반화되었습니다. 서방 교회는 견진을 통한 새 신자들과 주교의 일치를 더욱 분명하게 표현해 줍니다.

성 빅토르의 후고(†1141)는 주교의 안수를 '견진'이라는 용어로 설명합니다. "안수는 일반적으로 사용하는 언어로 견진(confirmatio)이라고 부른다. 이를 통하여 그리스도 신자는 안수를 받고 이마에 크리스마 성유로 도유된다. 사도들의 대리자인 주교들만 신자들을 인증하며 성령을 전해 줄 자격이 있다. 왜냐하면 우리가 성경에서 읽은 바와 같이 초기 교회에서는 사도들만이 안수를 통해 성령을 전해 주는 권한을 지니고 있었기 때문이다."

### "성령 특은의 인호를 받으시오"

교황 바오로 6세는 『견진 예식』을 개정하면서 견진성사의 본질에 잘 부합하도록 성사 양식문을 다음과 같이 결정합니다. "견진성사는 이마에 축성 성유를 바름으로써 주어지며, 기름 바를 때 그 손으로 안수하면서, '성령 특은의 인호를 받으시오' 하고 말한다."

'성령 특은'은 무엇일까? 견진의 본질적인 도유와 한 손 안수 전에 하는 주교의 기도에서 일반적으로 성령칠은이라고 하는 은사들을 청합니다. "(…) 이들에게 보호자 성령을 보내 주소서. 지혜와 통찰의 영, 식견과 용기의 영, 지식과 공경의 영, 주님을 경외하는 영을 보내 주소서." 성령칠은은 이사야서 11장 2절을 기반으로 하며, '일곱'이란 숫자는 '충만함, 완전함'을 뜻합니다. '지혜'는 '모든 것을 하느님의 눈으로 바라볼 수 있게 하는 은총'입니다. '통찰'은 하느님의 지극히 깊은 뜻과 그분의 구원 의지를 파악할 수 있는 '능력'을 말합니다. '식견'은 일명 '깨우침'으로 예수님과 그분 복음의 논리에 따라 우리의 양심이 하느님과의 친교 안에서 구체적인 선택을 할 수 있게 해 주는 성령의 선물입니다. '용기'는 우리 마음을 구속하는 온갖 두려움과 무감각함과 불확실

함에서 해방시켜 주시고, 주님의 말씀을 기꺼운 마음으로 올바르게 실천할 수 있게 해 줍니다. '지식'은 피조 세계를 통해 하느님의 사랑과 그분의 위대하심, 모든 피조물과 그분 사이의 깊은 관계를 파악하도록 우리를 이끌어 주는 특별한 선물입니다. '공경'은 우리와 하느님의 깊은 관계를 드러내 주며 우리 삶에 의미를 부여하여 몹시 힘들고 고통스러운 순간에도 우리를 하느님과의 친교 안에서 굳건하게 합니다. 그래서 우리 마음에 감사와 찬미를 불러일으킵니다. '경외'는 단순한 두려움이 아니라 우리가 하느님과 그분 사랑 앞에서 참으로 작은 존재라는 것과, 신뢰와 공경의 마음으로 겸손하게 하느님의 손에 우리 자신을 내맡기는 데 우리의 행복이 있다는 것을 기억하게 하는 성령의 선물입니다.

예전에 읽었던 말로 모건의 『무탄트 메시지』에서 호주 원주민 '참사람 부족'은 일 년마다 생일을 기념하는 문명인들을 이상하게 여기며 이렇게 말합니다. "우리는 생일이 아니라 나아지는 걸 축하한다. 작년보다 올해 더 지혜로운 사람이 되었으면 그걸 축하하는 것이다. 하지만 그건 자기 자신만이 알 수 있다."

견진을 받았다는 사실보다 하느님의 사람으로 성숙하는 것이 더 중요합니다. 그래서 교회는 견진성사를 통하여 신앙인들이 성령 안에서 영적 성숙을 이루어 하느님의 참된 증인이 되기를 바랍니다. 사도 바오로가 코린토 교회에 바랐던 것처럼 말입니다.

> "구원받을 사람들에게나 멸망할 사람들에게나 우리는 하느님께 피어오르는 그리스도의 향기입니다." (2코린 2,15)

08

# 성체성사의 상징: 빵과 포도주

— "음식을 통해 자신을 기억하게 한 먹보이신 주님!" —

"보라, 저자는 먹보요 술꾼이며 세리와 죄인들의 친구다"(마태 11,19). 예수님은 먹보, 술꾼으로 불릴 정도로 식탁에서 다른 이들과 식사하는 것을 꺼리지 않으신 듯합니다. 한때 '먹방'이 유행이 되어 『옥스퍼드 영어 사전』에도 'mukbang'이라고 수록되어 있는데, 왜 우리는 남이 먹는 것을 보면서 즐거워할까? 사람들은 자신이 먹는 것뿐 아니라 남이 먹는 것을 보는 것도 즐깁니다. 그것은 맛있는 음식을 보면, 위와 췌장에서 그렐린 호르몬이 만들어지고 이 호르몬이 식욕을 자극하기 때문이라고 뇌과학자들은 말합니다.

먹고 싶은 욕구와 자신을 멋있게 보이고 싶어서 다이어트를 해야 한다는 심리적 갈등 사이에서 고민하는 우리에게 예수님은 먹고 마시는 것에 대한 또 다른 차원, 곧 하늘 나라의 잔치에서 먹고 마실 수 있는 희망에 대해 말씀하십니다. "내 아버지의 나라에서 너희와 함께 새 포도주를 마실 그날까지, 이제부터 포도나무 열매로 빚은 것을 다시는 마시지 않겠다"(마태 26,29).

### 땅의 결실인 빵과 포도주!

미사 중에 사제는 예물 준비를 하면서 "저희가 땅을 일구어 얻은 이 빵을 주님께 바치오니" "저희가 포도를 가꾸어 얻은 이 술을 주님께 바치오니"라고 기도합니다. 주님께 봉헌되는 빵과 포도주는 창조주께서 창조하신 '땅의 결실'입니다. 땅에 뿌리를 두고 토양 깊숙이 있는 모든 기운을 모아서 우리에게 선사하는 것입니다.

빵이 되기 위해서 밀알은 가루가 되고, 포도주가 되기 위해서 포도알은 즙이 됩니다. "**밀알 하나가 땅에 떨어져 죽지 않으면 한 알 그대로 남고, 죽으면 많은 열매를 맺는다**"(요한 12,24). 모든 것을 우리를 위해 내어 준 예수님의 삶을 매일 미사 때 봉헌되는 빵에서 확인할 수 있습니다. 이런 과정을 장 레미 신부님은 『생명의 태양인 성찬례』에서 이렇게 표현합니다. "밀은 자라서 추수되기 위해 땅에서 죽는다. 하지만 추수도 밀을 빻아 반죽해서 빵을 구워 먹기 위한 것이 아니라면 의미가 없다. 이런 이중의 죽음을 통하여 사람이 사는 데 필요한 빵이 되는 것이다. 이 죽음은 생명의 양식이 되기 위한 길이다."

## 탈출에서의 '어린양'과 '누룩 없는 빵'과 광야에서의 '만나'

고대 유다인에게 있어서 이집트를 탈출한 사건은 하느님과의 관계를 정립하고 자신들의 정체성을 확립하는 중요한 체험입니다. 왜냐하면 출애굽은 이스라엘 민족이 이집트 종살이의 멍에를 던져 버리자고 스스로 결정한 게 아니라, 주님께서 구해 주셨기 때문입니다. 이 과정에서 생겨난 '어린양'의 피를 문설주와 상인방에 바르고 그 고기는 가족이 먹는 파스카 축제(탈출 12,1~14 참조)와 '이레 동안 누룩 없는 빵을 먹는' 무교절(탈출 12,15~20 참조)은 이스라엘 민족에게는 출애굽과 연결된 가장 중요한 축제들입니다.

브랜트 피트리는 『성만찬의 신비를 풀다』에서 "파스카 축제를 완성하는 것은 어린양의 죽음이 아니라 그 고기를 먹는 것"이라고 하며 그 이유를 성경에서 그들이 어린양을 '먹어야' 한다고 다섯 번에 걸쳐 진술하고 있기 때문이라고 설명합니다. 이는 예수님께서 최후 만찬에서 "받아먹어라. 이는 내 몸이다"(마태 26,26)라는 말씀의 배경이 됩니다.

출애굽 여정을 위해 하느님께서 이스라엘 민족에게 베푼 특별한 음식은 '만나'(탈출 16,31)입니다. 만나는 40년 동안 매일 나타났으며, 이스라엘이 약속의 땅에 도달하자 그 기적이 멈추었다고 전해 줍니다(여호 5,12). 여기서 핵심은 이스라엘 민족이 '그게 무엇인지 몰랐다'는 사실로, '만나'라는 이름이 히브리어로 '이게 뭐지?'(man hu)라는 의미에서 알 수 있습니다. 이는 자연에서 얻은 천연 물질이 아니라 하늘에서 온 초자연적인 빵이라고 이스라엘 민족은 믿었습니다. 이것은 예수님께서 제자들에게 가르쳐 준 '주님의 기도'(마태 6,9~13; 루카 11,2~4)에서 '일용할 양식'이 그리스어 단어인 '에피우시오스'(epiousios)이고 불가타역 라틴어로는 '수페르숩스탄찌알레'(supersubstantiale), 곧 '초자연적인' 빵이라는 사실과 잘 연결됩니다.

### 최후 만찬의 빵과 포도주

출애굽 사건을 기념하며 하느님께 찬미와 감사를 드리기 위해 이스라엘 민족은 매년 '파스카 예식'을 거행했습니다. '파스카 예식의 만찬'은 '세데르'(seder)라고 불리고, 파스카 만찬의 규정은 '하가다'(Haggadah)라고 알려진 문헌에 담겨 있습니다. 파스카 만찬의 기본 구조는 예수님 시대보다 훨씬 이전에 이미 정형화된 것으로 보입니다.

예수님의 최후 만찬에 대한 이야기는 두 그룹, 곧 마태 26,26~30와 마르 14,22~26, 루카 22,14~20과 1코린 11,23~25으로 나뉩니다. 이 두 그룹의 차이 중에 가장 두드러진 것은 "너희는 나를 기억하여 이를 행하여라"라는 문구가 있느냐일 겁니다. 여기서, 예수님은 빵과 포도주를 당신의 몸과 피로 변화시키고 제자들에게 먹고 마시라고 주십니다. 예수님의 이 말씀에 따라 교회는 지금도 성찬례를 거행하며 주님의 몸과 피를 먹고 마시며, 주님과 일치를 이룹니다.

성서학자인 스콧 한은 『네 번째 잔의 비밀』에서 유다교의 파스카 예식과 비교했을 때, 예수님께서 네 번째 포도주 잔을 마시지 않았음에 초점을 맞추어 이야기합니다. "예수님께서 네 번째 잔을 거르기로 택하셨을 때, 파스카 만찬은 끝나지 않은 상태였다. 예수님께서는 당신 나라의 영광 중에 다시 오실 때까지 포도주를 다시는 마시지 않겠다고 하셨다. 십자가에 못 박히기 직전에 예수님께서는 당신께 건네진 포도주를 한 차례 거부하셨다(마르 15,23 참조). 그리고 마침내 마지막에 이르자 '신 포도주'가 예수님께 건네졌다(요한 19,29; 마태 27,48; 마르 15,36; 루카 23,36 참조). 요한 복음에서만 예수님께서 하신 대답을 알려 준다. 예수님께서는 신 포도주를 드신 다음에 말씀하셨다. '다 이루어졌다.' 이어서 고개를 숙이면서 숨을 거두셨다"(요한 19,30).

우리는 성체성사에 참여하여 말씀과 성체와 성혈로 양육을 받으면서도, 아직도 또 다른 그리스도로 동화되지 못합니다. 우리는 언제 예수님처럼 '다 이루어졌다'라고 할 수 있을까요. 밀처럼 가루가 되어 빵이 되듯이, 포도가 짜여서 즙이 되듯이, 사랑 때문에 자신이 가루가 되고 짜이는 아픔을 넘어서야 비로써 가능할까요?!

## 09
# 성품성사의 상징: 인호와 안수

2020년 초부터 시작된 '코로나19 팬데믹'은 전 세계와 보편교회, 그리고 한국 사회와 교회에도 크나큰 영향을 미쳤고, 그 여파가 한동안 지속되었습니다. 과거에 유럽이나 미국 등의 이야기로 치부되었던, 주일 미사 참석률 감소와 청소년층의 붕괴, 그리고 신자의 고령화 등의 현상이 한국천주교회에 두드러지게 나타나는 상황입니다. 그래서 전반적인 교회의 복음화 방향성에 대한 검토와 대안을 찾기 위해서 '시노달리타스'(하느님의 백성이 함께 걸어가는 여정)라는 주제로 제16차 세계 주교 시노드(2021~2024년)를 진행했습니다. 이는 "바람은 불고 싶은 데로 분다. 너는 그 소리를 들어도 어디에서 와 어디로 가는지 모른다"(요한 3,8)라는 성령에 대한 예수님의 말씀을 기반으로 현재를 살아가는 사람들에게 복음화의 사명을 구현해야 하는 가톨릭교회의 몸부림이라 생각합니다.

여기서 '하느님 백성'이라는 교회의 개념은 교계 구조가 상하의 일방적인 권력의 모습이 아니라 하느님을 중심으로 다양한 역할을 통한 일치 실현의 중요성을 말해 줍니다. 거기에 '함께 걸어가는 여정'은 겸손한 자세를 바탕으로 서로의 의견을 경청하는 '소통'을 통해 주님께 향해 가는 공동체의 모습과 현세에 안주하지 않고 성조 아브라함처럼 하느님과의 일치를 향해 길을 떠나는 '여정'임을 잘 말해 줍니다. 이러한 여정에 있어서 성직자들은 자신들의 역할을 잘 수행하고 있는지 묻게 됩니다. '성품성사'의 상징인 인호와 안수를 살펴보면서, '함께 걸어가는 여정'에 있는 교회에서 성직자인 주교·사제·부제의 역할과 자세가 어떠해야 하는지를 살펴봅니다.

### 하느님의 사람이라는 '인호'!

성사 중에서 세례·견진·성품 성사는 성사의 은총뿐 아니라 성사의 인호(印號, Sphragis), 곧 '인장'을 새겨 줍니다. 이 인호를 통하여 그리스도인은 그리스도의 사제직에 참여하며, 각기 다른 신분과 역할에 따라 교회의 지체를 이룹니다. 그리고 이 세 성사는 결코 다시 받을 수 없습니다(가톨릭 교회 교리서, 1121항 참조).

'인호'를 받는 예식은 일반적으로 후보자의 이마 위에 십자 표시를 긋습니다. 인호는 성령과 연결되어 있음을 예루살렘의 키릴루스는 그의 저서 『신비 교리교육』에서 말합니다. "아브라함에게 하느님에 대한 믿음이 주어지고 할례가 베풀어진 것처럼 성령에 힘입어 세례로 할례를 받은 우리에게 영적 표시가 새겨집니다." 이 언급은 사도 바오로가 에페소 신자들에게 말한 "여러분은 그리스도 안에서 진리의 말씀, 곧 여러분을 위한 구원의 복음을 듣고 그리스도 안에서 믿게 되었을 때, 약속된 성령의 인장을 받았습니다"(에페 1,13)를 연상시킵니다.

성령의 인장은 그리스도인이 누구에게 속해 있는지를 스스로 분명하게 인식하도록 합니다. 그래서 인호는 "전적으로 그리스도께 속해 있고 그분을 영원히 섬기겠다는 표시인 동시에, 종말의 큰 시련 때에 하느님께서 보호해 주시겠다는 약속이기도" 합니다. 특별히 성품성사에서 인호는 성직자가 "성령의 특별한 은총을 통하여 그리스도의 교회를 위하여 그분의 도구 역할을 하도록 그리스도를 닮게"(가톨릭 교회 교리서, 1296항) 하였음을 확인해줍니다.

### '안수'를 통해 내려온 성령에 의해서 자신의 직무를 수행할 수 있는 성직자!

성품성사를 유효하게 하는 핵심은 '안수'와 '서품 기도'입니다. 그러나 피렌체 공의회(1439년)에서 '안수' 대신에 각 품과 관련된 '제구의 수여식'(사제직은 빵을 얹은 성반과 포도주가 담긴 성작, 부제직은 복음서)을 필수 요소로 선포하였고, 이것은 성령을 따라 수행해야 하는 성직자의 역할과 삶을 전례적 기능으로 축소시켰습니다. 다행히 교황 비오 12세가 1947년 11월 30일에 발표한 교황령 「성품성사」(*Sacramentum Ordinis*)에서 "부제와 사제 성품의 질료는 동일한 안수이다. 형상은 이 질료의 적용을 밝히는 기도인데, 이 기도는 교회가 수여하는 성사적 효과인 성품의 권한과 성령의 은총을 드러낸다"라고 초기 교회에서의 본질을 회복했습니다.

서품식에서의 '안수'는 말없이 두 손을, 뽑힌 이의 머리에 얹는 방식입니다. 주교 서품에서는 주례 주교와 참석한 모든 주교가 안수를 하며, 사제 서품에서는 주례 주교와 참석한 사제들 모두가 합니다. 반면에 부제 서품식에서는 주교만 합니다. 이는 3세기 초에 작성된 히폴리투스의 『사도 전승』 8장에서 "그는 사제직을 위해 서품되는 것이 아니라 감독자(주교)가 그에게 명령하는 것을 이행하고 감독자에게 봉사하기 위해 서품"되기 때문입니다. 지금은 좀 달라져서 부제직이 사제로 향해 가는 과정처럼 여겨지고 있지요.

### 주교, 사제, 부제가 받는 성령의 은사는 어떻게 다른가?

각 서품 기도에서 성령은 각 품에 적절한 성령에 대해서 말합니다. 주교 서품 기도는 "다스리시고 이끄시는 성령을"(*Spiritum principalem*)이라 하면서, 그리스도로부터 파견된 사도들이 지역마다 교회를 세우고 그곳이 하느님의 이름에 끊임없이 영광과 찬미를 드리는 성소가 되게 하는 성령임을 이어진 기도문에서 밝힙니다. 사제 서품 기도는 "거룩함의 성령을"(*Spiritum sanctita-*

*tis*) 청하면서, 사제들이 주교의 협력자로서 복음 선포와 성사 거행을 통하여 자신에게 맡겨진 양 떼를 거룩하게 하며 덕행의 삶으로 모범이 되기를 기도합니다. 부제 서품 기도는 단순하게 "성령을"(*Spiritum sanctum*)을 말하고, 부제가 봉사의 직무임을 분명히 하면서 이를 충실히 수행하도록 성령칠은으로 굳세게 해 달라고 청합니다.

성품성사를 통해 '신자들의 보편 사제직'과는 다른 '직무 사제직'을 수행할 자격을 얻은 성직자는 그 자체로 거룩하다고 할 수 있을까? 성직자는 성령에 따라 자신의 직분을 다할 때 거룩함이 드러나지, 기본적인 인격이 서품을 받았다고 하여 갑자기 거룩하게 변화되지는 않습니다. 직무 사제직은 본질적으로 신자들의 보편 사제직과는 다른데, 그 이유는 신자들에게 봉사하기 위하여 받은 거룩한 권한이기 때문입니다.

성품을 받은 교역자들은 "가르치고(*munus docendi*), 하느님께 예배드리며(*munus liturgicum*) 사목적 다스림(*munus regendi*)으로써 하느님 백성에게 봉사"(가톨릭 교회 교리서, 1592항)하면서 군주적인 태도가 아닌 하느님 백성에게 봉사하기 위한 봉사 직무자임을 교회는 분명히 말합니다.

수도원, 신학교에 들어가는 성소자들이 줄어들고 성당들에서는 신자들이 점점 줄어드는 한국천주교회의 현실은 안타깝습니다. "**스승님, 저희가 밤새도록 애썼지만 한 마리도 잡지 못하였습니다**"(루카 5,5)라고 하며 주저앉지 않고, "**깊은 데로 저어 나가서 그**

**물을 내려 고기를 잡아라**"(루카 5,4) 하신 주님의 말씀에 따라 깊은 데로 가서 그물을 내린 시몬 베드로처럼 예수님이 가르쳐 준 "깊은 데"를 찾아서 그물을 내려야, 그물이 찢어질 만큼 매우 많은 물고기를 잡을 수 있지요. 주님께서는 현재의 한국천주교회의 성직자들에게 "깊은 데로 저어 나가서 그물을 내려 고기를 잡아라" 라고 하십니다. 그동안 해 오던 정형화되고 구태의연하며 성직자 개인의 역량에 좌지우지되는 교회의 패러다임을 바꾸어야 한다는 명령으로 들리는 것은 저만의 환청은 아닐 듯합니다.

# 10
# 혼인성사의 상징: 합의와 반지 그리고 축복

2024년 12월 23일, 한국은 65세 이상 노인이 전체 인구의 20%가 넘는 초고령 사회에 진입하였고, 2047년엔 서울 인구도 145만 명 줄어든다고 합니다. '인구 감소'라는 용어가 자주 사용되며 그에 대한 여러 가지 이유 중에 저출산을 가장 큰 원인으로 이야기하지요. 결혼을 당연한 삶의 과정이라 여겼던 부모 세대와 달리, 현재의 청년 세대에게 결혼과 출산은 선택이 되었으며, 또한 하나의 숙제가 되었습니다. 결혼을 하고 싶어도 정규직 직장을 얻기도 힘들고 자녀에게 드는 비용도 만만치 않으며 집 장만은 꿈이 되어 버린 사회 현실은 청년들을 더욱 힘들게 합니다.

인류의 역사 안에서 교회는 혼인을 하느님 창조 사업의 지속, 그리고 그리스도와 교회의 관계 안에서 생각하고 하느님의 은총이 풍성한 성사로 정했습니다. 그리고 혼인성사에서 이러한 교회의 지향은 가장 중요한 요소인 '정혼자들의 합의'와 '주례 사제의 혼인 축복'에서 드러납니다.

### 거룩한 혼인 계약을 맺는 정혼자들!

두 사람은 서로 맺어지는 것입니다. 이것을 "남자는 아버지와 어머니를 떠나 아내와 결합하여, 둘이 한 몸이 된다"(창세 2,24)라는 구절을 통해 좀 더 명확하게 알 수 있습니다. '떠남'과 '결합'은 혼인에 있어서 매우 중요한 두 움직임입니다. 부모로부터는 육적·심리적·경제적으로 떠나고, 정혼자 두 사람이 몸과 마음이 하나로 결합하는 과정이 혼인입니다. 두 사람이 맺어지는 것을 하느님께서 축복하시고, 교회 공동체가 축하해 주며 증인이 되어 주는 것이 혼인성사이지요.

그러나 서로가 혼인 계약을 맺는 끈이 굴레가 되어서는 안 되고, 오히려 언제고 다시 그들을 갈라놓으려고 위협하는 것들에서 보호하는 끈이어야 합니다. 이 끈을 '사랑'이라 하지요. 이 사랑에 대해서 두 정혼자는 하느님에게서 배워야 합니다. 왜냐하면 "하느님은 사랑이시기 때문입니다"(1요한 4,8).

### 혼인하려는 뜻을 주님께 엄숙히 확인받는 정혼자들!

혼인 예식의 정점은 아무래도 정혼자들이 참석한 모든 이 앞에서 주님께 엄숙히 자신들의 혼인하려는 뜻을 확인받는 '질문'과 '합의'입니다. 주례 사제는 정혼자들이 자유로운 마음으로 혼인하려고 하는지, 또 서로 신의를 지키고 자녀를 받아들여 양육할 뜻이 있는지를 묻고 정혼자들은 각각 대답합니다. 그리고 정혼자들은 서로 오른손을 잡고 자신들의 뜻을 밝힙니다. "나 아무는 당신을 아내로 맞아들여 즐거울 때나 괴로울 때나, 성할 때나 아플 때나 일생 신의를 지키며 당신을 사랑하고 존경할 것을 약속합니다."

이 약속을 정말 '검은 머리 파 뿌리'가 될 때까지 지킬 수 있을까? 안셀름 그륀은 저서 『혼인성사 — 가정 공동체에서 내리는 축복』에서 "혼인성사는 소유욕과 자기 합리화와 오해 때문에 늘 부서지기 쉽고 위협받는 두 사람의 사랑을 그리스도가 흠 없이 온전하게 함을 의미"하며 "죽기까지 우리를 사랑하셨던 예수님의 사랑이 신랑 신부의 사랑 속으로 흘러 들어와 그 사랑을 변화시켜야 한다"라고 말합니다. 곧 인간적 노력으로는 혼인 합의를 제대로 지켜나가기 힘들기에 우리를 구원하려고 모든 것을 내어 주신 그리스도의 사랑이 필요함을 말합니다.

### 영원한 사랑의 상징인 반지!

혼인 합의를 통하여 정혼자들은 이제 '신랑 신부'로 불립니다. 합의에서 말로 신의를 드러냈다면, 이제는 반지라는 표지를 교환하면서 신의를 표현하고, 결혼반지는 주님의 이름으로 축복을 받습니다. 일반적으로 상대의 왼손 약지에 끼워주면서 다음의 말을 합니다. "나의 사랑과 신의의 표지로 당신께 드리는 이 반지를 받아 주십시오. 성부와 성자와 성령의 이름으로 드립니다."

왜 결혼의 표지가 반지일까? 반지의 상징적 의미는 둥근 형태에서 비롯됩니다. "영원"을 나타내는 고대 이집트의 상형문자는 일종의 반지입니다. 그것은 하나의 끈을 맺어 매듭을 만들어 고리 모양으로 둔 것 같은 형태를 하고 있습니다. 반지는 병이나 재앙에 대한 보호, 자유 신분이라는 표지, 사회적 특권 지위의 징표로 사용되기도 했습니다.

혼인할 때에 서로의 결합을 상징하는 의미의 반지 교환은 고대 로마의 풍습으로 그리스도교가 이를 받아들였습니다. 신의의 표지인 반지는 신랑 신부가 영원히 결속되어 있고 사랑이 그들 안의 모든 불완전한 것을 온전히 완성시키며 그들 서로가 신의를 지킬 것이라는 징표가 되어야 하지요. 그래서 서로가 선물이고 디딤돌이 아닌 짐이며 걸림돌이라 여겨질 때, 결혼반지를 보면서 서로가 말로 표현했던 신의와 그에 따른 사랑에 얼마나 충실했는지를 성찰할 수 있습니다. 더 나아가 주님께서 축복한 반지임을 기억하며 주님께 부부가 겪는 역경을 이겨나갈 힘과 지혜를 청하면 화목한 가정을 이루는 데 큰 도움이 되지요.

**하느님의 축복으로 완성되는 혼인성사!**

신랑 신부의 합의와 결합이 혼인성사의 근본이지만 그 절정은 축복과 함께 이루어지는 영성체입니다. '혼인 축복'은 일반적으로 주님의 기도 후에 행하지만, 캐나다와 독일은 혼인 예식 안에 배치를 했고, 이탈리아는 반지 교환 이후에 할 수 있는 가능성을 두었습니다.

축복 기도를 살펴보면, "하느님의 딸 아무에게는"이라고 하며 신부(新婦)를 구체적으로 언급하지만, 신랑(新郎)에 대한 구체적인 언급은 없습니다. 다만 "남편"이라고 말합니다. 이는 옛 북이탈리아, 프랑스, 독일, 로마의 규정과 풍습, 그리고 코린토 1서 11장 2~5절에 표현된 바오로 신학에서 영향을 받은 것으로 보입니다.

'혼인 축복'은 유다 전통에서 유래된 혼인 축복인 토비야의 기도(토빗 8,5~8)를 연상시킵니다. 축복은 구원 역사에서 활동하신 아버지 하느님을 기억하고, 성령을 청하며, 하느님의 아들 예수 그리스도의 중개를 통하여 신랑 신부에 대한 은총을 간구합니다.

혼인을 준비하는 그리스도인이라면, 자신들의 혼인미사에서 읽힐 독서를 둘이서 함께 읽고 고민하여 선택하는 것은 굉장히 중요합니다. 부부의 사랑을 더욱 굳건히 하고 자녀들을 하느님의 사랑 안에서 양육하는 데 기초가 되는 성경 구절이 될 수 있기 때문입니다.

"어린아이의 사랑은 '나는 사랑받기 때문에 사랑한다'라는 원칙에 따르고, 성숙한 사랑은 '나는 사랑하기 때문에 사랑받는다'라는 원칙에 따른다. 성숙하지 못한 사랑은 '그대가 필요하기 때문에 나는 그대를 사랑한다'라는 것이지만 성숙한 사람은 '그대를 사랑하기 때문에 나에게는 그대가 필요하다'는 것이다"라고 『사랑의 기술』에서 에리히 프롬은 성숙한 사랑의 차원을 말해 줍니다. 여러분의 사랑은 어떤 사랑인가요?

자신의 사랑이 어떤 사랑인지를 살펴보는 것과 함께 혼인에 대한 환상에서 깨어나는 것은 매우 중요합니다. 혼인이 자신을 행복하게 하리라는 '환상'은 결혼 생활을 '환장'하게 만드는 원인이 됩니다. 하느님의 우리에 대한 사랑이 아들 예수 그리스도를 통해 펼쳐진 과정을 보면, 사랑은 아프고 고통을 인내하는 과정이며, 이 과정에서 만나는 기쁨과 행복의 순간들 덕분에 끝까지 갈 수 있는 힘을 얻는 여정이 아닐까 하네요.

# 11
# 구원의 상징인 '하느님의 어린양'

한동안 '코로나19 팬데믹'으로 전 세계가 '단절'을 맛보고, 힘겨운 시기를 보냈습니다. 다행히 발전된 의료 과학에 힘입어 코로나19에 대한 진단 키트와 백신이 빠르게 개발되어 많은 희생을 막을 수 있었습니다. 만약, 코로나19에 대한 의학적 이해와 빠른 대처가 뒷받침되지 않았다면, 14세기 유럽의 1/3인 2천만 명을 죽음으로 몰은 페스트처럼 엄청난 사람들이 황천길을 가야 했을 것입니다. 또한 인간의 무력감에 따른 분노를 분출하여 발생하는 무고한 희생양이 생기지 않았음은 과거와 다른 양상입니다. 14세기의 페스트에 대한 이해가 없었던 당시 사람들은 자신들의 능력을 넘어서는 재해에 대한 무력감에 뒤따른 분노와 화를 유다인에게 폭발합니다. 프랑스의 인류학자이며 사회학자인 르네 지라르(1923~2015)는 『희생양』에서 "여기저기에서 떠돌던 유다인들이 독약을 풀었다는 소문을 들은 광분한 군중의 입장에서는 정당한 것으로 여겨졌을, 유다인들에 대한 학살"이 일어났다고 합니다.

이 사건을 라퐁텐(1621~1695)은 '페스트에 걸린 동물'이라는 우화로 풍자했습니다. 우화는 페스트라는 재앙을 피하기 위해서 죄인을 찾아내어 그에게 합당한 처벌을 가해야 하는 상황에서 시작합니다. 맹수들은 그들 행위를 너그럽게 묘사함으로써 곧 용서를 받고, 가장 약하면서도 보호받지도 못하며 가장 덜 잔인한 당나귀가 유죄로 지목됩니다. '희생양'이라는 프레임은 이렇게 가장 약하고 보호받지 못하는 사람들에게 씌우는 폭력이라고 할 수 있습니다. 이러한 '희생양'의 일반적인 맥락과 달리 우리 그리스도인들이 전례에서 말하는 "하느님의 어린양"은 인류의 죄를 속량하고 우리를 죽음에서 해방하여 영원한 생명으로 나아갈 수 있도록 스스로 희생양이 된 하느님의 아들 예수 그리스도를 말하고 기억하는 것입니다.

### 버릴 것이 없는 어린양!

초식동물인 양은 성질이 매우 온순합니다. 양에게 소금 또는 먹이를 주거나 위험에서 구해 주면 양은 그것을 기억하고 몸으로 신뢰의 정을 나타낸다고 합니다. 양은 사람에게 모든 것을 내어 주는 매우 유익한 동물입니다. 양의 털과 가죽은 섬유와 의류로, 고기와 젖은 음식으로, 내장과 뼈까지 하나도 버릴 것이 없는 동물입니다.

어린양의 고기는 이스라엘 사람들뿐만 아니라 이방인들도 즐겨 먹었습니다. 이스라엘 민족은 소나 양이나 염소가 태어난 후 7일 동안은 반드시 어미와 함께 있게 했으며, 어미와 새끼를 같은 날에 함께 죽이는 것도 절대 금지했습니다(레위 22,38 참조).

허영엽 신부는 『성서의 풍속』에서 양이 "성경에서는 500회 이상 인용되며 구약성경에서 이스라엘 민족은 양 떼와 염소로, 하느님은 목자로 자주 비유되었고, 이스라엘에서 어린양과 염소는 악의가 없고 인내심이 강하기 때문에 경건한 사람을 나타내는 상징"이 되었다고 말합니다.

**출애굽의 파스카의 어린양!**

이스라엘에서는 어린양이 가장 흔한 희생 제물이었고, 제단 위에서 매일 일 년 된 숫양 두 마리를 바치는데, 아침에 한 마리, 저녁에 다른 한 마리가 바쳐졌습니다(탈출 29,38~39 참조). 아브라함이 하느님의 명에 따라 이사악을 제물로 바치려던 사건에서도 아브라함은 수풀에 뿔이 걸린 숫양을 가져다가 아들을 대신하여 하느님께 번제물로 바쳤습니다(창세 22,13 참조). 그리고 이스라엘 민족이 이집트에서 머문 지 "사백삼십 년이 끝나는 바로 그날"(탈출 12,40) 탈출할 때 하느님이 이집트에 내린 열째 재앙으로부터 보호받기 위해 흠 없는 어린양의 피를 "짐승을 먹을 집의 두 문설주와 상인방에"(탈출 12,7) 발랐습니다.

브랜트 피트리는 『성만찬의 신비를 풀다』에서 탈출기 12장에서 펼쳐지는 파스카 과정을 5단계로 설명합니다. 1단계는 흠없는 수컷으로 양이나 염소 가운데에서 마련하여라(탈출 12,5), 2단계는 니산달 열나흗날에 이스라엘의 온 공동체가 모여 저녁 어스름에 잡아라(탈출 12,6), 3단계는 어린양의 피를 발라라(탈출 12,7), 4단계는 어린양의 고기를 먹어라(탈출 12,8~9), 5단계는 파스카를 기념하여 축제를 지내라(탈출 12,14). 이집트에서 이런 단계들을 거쳤던 파스카 축제는 예수님 시대까지 죽음에서 구하시고 억압으로 해방시켜 준 하느님을 기억하며 감사를 드리는 기념일로 매년 지냈습니다. 요세푸스는 『유대전쟁사』 제6권에서 예수님 당시에 예루살렘 성전에서 대사제들에 의해 256,500마리를 잡는 희생 제사를 드렸다고 알려 줍니다. 이때에 대사제들이 제단에 뿌린 피가 얼마나 많았을지는 상상도 안 됩니다. 어린양의 피는 하느님의 재앙으로부터 몸을 보호하는 속죄의 수단인 동시에 파스카 축제에 모인 신앙심 깊은 사람들의 표시이기도 했습니다. 이제는 예수님으로 인해 그 표시는 새로운 차원으로 전환됩니다.

### **"보라, 하느님의 어린양"**(요한 1,36)

요한은 세례를 받으러 자신에게 오는 예수님을 보고 "보라, 세상의 죄를 없애시는 하느님의 어린양"(요한 1,29)으로 알려 줍니다. 이 구절은 '주님의 종'의 넷째 노래로 유명한 이사야서의 "도살장에 끌려가는 어린양처럼 털 깎는 사람 앞에 잠자코 서 있는 어미 양처럼 그는 자기 입을 열지 않았다”(53,7)와 “그가 많은 이들의 죄를 메고 갔으며 무법자들을 위하여 빌었기 때문이다”(53, 12)라는 구절을 연상시킵니다.

이집트에서 이스라엘 민족을 구했던 ‘파스카의 어린양’이 이제는 죄와 죽음으로부터 인류를 구하여 영원한 생명의 하늘 나라로 이끄는 ‘하느님의 어린양’이 되어 십자가에서 희생되셨음을 교회는 기념하여 매일 미사를 봉헌합니다. 교회는 주님을 “‘살해된 것처럼 보이는’ 어린양(묵시 5,6), 십자가에 못 박혀 돌아가셨다가 부활하신 그리스도, 참 지성소의 유일한 대사제, 봉헌하고 봉헌되며, 주고 또 주어지는 분”(가톨릭 교회 교리서, 1137항)이라고 고백합니다.

미사에서 영성체 전에 먹히기 위해 쪼개진 그리스도의 몸인 성체와 그리스도의 피가 담긴 성작을 들고 사제는 “보라, 하느님의 어린양”이라고 요한 세례자가 했던 그 선언을 합니다. 이때 우리는 여러 조각으로 나뉘는 빵이 단순한 빵이 아니라 파스카의 어린양으로서 희생 제물이 되신 그리스도 자신이며, 이러한 어린양께 묵시록의 원로들처럼 찬양을 드리면서 그분의 자비를 간청함으로써 주님을 합당하게 모실 준비를 합니다.

인류가 감당할 수 없는 자연재해나 인재 등을 만났을 때, 흔히 일어나는 ‘희생양’ 프레임을 통해 힘없고 소외된 계층에게 책임 전가를 하거나 무고한 이들에게 희생을 강요하는 현실과 달리, 흠 없는 하느님의 아들이 스스로 십자가의 희생 제물인 “하느님의 어린양"이 되신 예수 그리스도! 세상에서 자신의 안위와 이익을 위해 바둥대며 살아가다가 상처받는 우리를 참된 희생 제물이며 참 대사제인 예수님은 참된 사랑으로 치유를 해 주십니다. 그래서 우리는 이렇게 청하지요. "주님, 제 안에 주님을 모시기에 합당치 않사오나 한 말씀만 하소서, 제가 곧 나으리이다."

## 12
# 주일과 여덟째 날

'평화의 도시'이면서 평화가 필요한 도시인 예루살렘에 순례를 갔을 때, 현지 가이드가 자유시간을 주면서 하던 말이 떠오릅니다. "신부님! 예루살렘은 세 종교가 공존합니다. 유다교, 그리스도교, 이슬람교가 비록 지역을 구분하여 살고 있지만, 함께 어우러진 도시이기에, 상점마다 쉬는 날이 다릅니다. 유다인은 '안식일'인 토요일, 그리스도인은 '주일'인 일요일, 이슬람인은 '주무아'라고 합동 예배를 드리는 금요일에 쉽니다. 그래서 헛걸음을 하지 않으려면 상점 주인이 어느 종교를 믿느냐를 알아야 하지요." 각 종교마다 자신들이 믿는 신에 대한 예배를 하는 날을 쉬는 날로 정하는 것을 알 수 있습니다.

유다교의 안식일(현재의 토요일)은 하느님께서 "이렛날에 복을 내리시고 그날을 거룩하게 하셨다. 하느님께서 창조하여 만드시던 일을 모두 마치시고 그날에 쉬셨기 때문"(창세 2,3. 참조: 탈출 20,10)에 쉬면서 하느님께 예배를 드리는 날로 정해졌습니다. 반면에 그리스도인은 예수께서 부활하신 날을 '주일'(주님의 날)로 정하고 쉬면서 수난과 부활, 승천을 통해 인류를 구원하신 예수 그리스도를 기억하고 예배를 드립니다. 그리고 그날을 '여덟째 날' 또는 '여드렛날'이라고 하여 창조의 첫째 날과 연결하여 창조의 새로운 버전인 부활을 기념합니다.

### "안식일이 지나고 주간 첫날"(마태 28,1)인 주일!

주 예수께서 부활하시고 당신 제자들에게 모습을 드러내신 때는 "주간 첫날"(마태 28,1; 마르 16,9; 루카 24,1; 요한 20,1) 아침이었습니다. 거룩한 여인들과 베드로에게 발현하신 다음 "바로 그날"(루카 24,13) 엠마오로 가는 두 제자와 동행하셨는데, 이 제자들은 예수께서 "빵을 들고 찬미를 드리신 다음 그것을 떼어 그들에게 나누어"(루카 24,30) 주셨을 때, 눈이 열려 예수님을 알아보았습니다. 유다인들이 두려워 문을 모두 잠가 놓고 있던 제자들에게 나타나신 예수님은 당신의 다섯 상처를 보여 주시고, 제자들을 파견하시면서 그들에게 성령을 불어넣어 주셨지요(요한 20,19~23).

예수께서 부활하신 "안식일이 지나고 주간 첫날"(마태 28,1)은 십자가에서 그분의 피로 맺은 "새 계약"(1코린 11,25)이 성취된 날입니다. 제자들은 주간 첫날에 그리스도의 부활을 기념하기 위해 모였음을 다음의 구절을 통해 알 수 있습니다. "여드레 뒤에 제자들이 다시 집 안에 모여 있었는데 토마스도 그들과 함께 있었다"(요한 20,26). 이 장면에서 예수님은 두 가지로 제자들의 관심을 끕니다. 하나는 당신의 영광스러운 상처를 보여 주시면서 십자가를 그리스도인의 예배 모임의 중심에 놓습니다. 다른 하나는 토마스의 신앙을 요청하시면서 그 모임이 곧 '믿는 이들'의 모임이어야 함을 요청합니다.

그래서, 사도행전은 바오로 사도를 중심으로 한 트로아스에서의 모임을 "주간 첫날에 우리는 빵을 떼어 나누려고 모였다"(사도 20,7)라고 하며, 이 모임이 한 신자의 집 이층에서 밤에 이루어졌으며, 바오로의 긴 설교와 "빵 나눔" 예식(성찬례)이 이루어졌다고 묘사합니다. 그리스도인들의 모임의 날인 "주간 첫날"이 요한 묵시록에 와서는 '주님의 날'을 의미하는 "주일"(묵시 1,10)로 용어가 바뀝니다.

### 모두가 쉬며 하느님께 예배를 드리는 주일!

100년경에 작성된 『디다케』 14장에서는 "주님의 주일마다 여러분은 모여서 빵을 나누고 감사드리시오"라고 권고합니다. 또한 순교자 유스티누스가 153년경에 작성한 『호교론』 제1권 67장에서 "태양의 날"에 모여 사도들의 비망록이나 예언자들의 글을 읽고 주재자는 좋은 사례들을 본받도록 가르치며 성찬례를 드리는 그리스도인들의 모습을 서술합니다.

몇 차례의 박해에도 계속된 이 모임은 313년 그리스도교 신앙에 대한 자유를 선포한 콘스탄티누스 황제의 밀라노 칙령에 따라 로마 제국에서 새로운 전환점을 맞이합니다. 313년 3월, 콘스탄티누스 황제는 태양신 예배와 그리스도교 예배를 함께 증진하고자 태양신의 날이자 동시에 주일인 일요일에 일을 하지 않도록 했습니다. 그로부터 4개월 후에는 종들에게 일에서의 자유를 주기로 한 태양의 날에 법정 다툼과 불화를 일삼는 것은 마땅하지 않고, 오히려 하느님이 특별히 기뻐하시는 일을 하는 것이 우리에게 가장 귀하고 마땅한 일이라고 법을 제정하여 선포합니다. 이로써 주일에 일을 하지 않고 쉬는 것과 하느님께 예배드리는 것이 보장되었습니다. 이로 인해서 니케아 공의회(325년) 이전에 그리스도교 주일은 하느님 말씀을 선포하고 성찬례를 거행하는 전례 모임을 갖는 날, 일상적 일을 포기하는 가운데 드러나는 축제의 날로 나타납니다.

### '첫날' 이면서 '여덟째 날' 인 주일!

주간 첫날은 창조의 날, 안식일 다음 주간 첫날인 주일은 주님 부활의 날, 여덟째 날은 부활을 기념하면서 동시에 장차 도래할 세상의 표상입니다. 세례를 통한 구원을 말하는 베드로 1서 3,20는 여덟이란 숫자를 구원과 연결하여 밝혀 줍니다. "옛날에 노아가 방주를 만들 때 하느님께서는 참고 기다리셨지만 그들은 끝내 순종하지 않았습니다. 몇몇 사람 곧 여덟 명만 방주에 들어가 물로 구원을 받았습니다."

미셸 푀이예는 『그리스도교 상징사전』에서 "성경에서 7이라는 숫자는 완벽을 상징하고 히브리 단어 'cheba'는 '일곱'과 '계약'이라는 뜻"이라고 합니다. 구약에서 거룩한 숫자가 7이라면, 8은 저편으로 향한 숫자입니다. 엿샛날 죽은 그리스도는 여드렛날 부활했습니다. 여덟은 부활의 숫자이면서 구원자, 인류 전체를 상징하는 숫자이며 또한 새 시대를 상징합니다. 예수님은 산상설교에서 여덟 가지 행복을 선언하셨습니다(마태 5,1~12).

130년경에 저술된 『바르나바의 편지』에서는 이러한 의미를 부활의 관점에서 분명하게 밝혀 줍니다. "나를 기쁘게 하는 것은 현재의 안식일이 아니라 내가 행했던 그날로 이날 모든 것을 안식으로 이끈 다음 제8일을, 다시 말해 새 세상을 시작할 것입니다. 예수께서 죽은 이들 가운데서 부활하시고 발현하신 다음 하늘에 오르셨던 제8일에 즐거운 축제를 지내는 까닭이 바로 이것입니다." 곧 여덟째 날은 주님의 부활과 더불어 승천을 기념합니다. 그래서 교회는 세례당을 팔각으로 짓고, 성탄과 부활에는 팔일 축제로 연장하여 육화와 파스카 신비를 통한 구원에 대한 희망을 더욱 부각시켰지요.

예수 그리스도를 '주님'이라고 믿고 고백하는 우리는 태양신의 날에서 유래한 '일요일'이 아니라, 부활을 통해 우리의 참된 주님임을 드러내신 '주님의 날', 곧 '주일'을 사용해야 할 것입니다. 말 한마디가 우리의 신앙을 드러내지요.

트라스테베레에 있는 성모 대성당(Basilica di S. Maria in Trastevere)

# 제 3 부

# '아하~, 전례 공간'

"성당 건축에서는 전례 행위의 실행과
신자들의 능동적 참여 확보에
적합하도록 힘써 배려하여야 한다."

– 전례 헌장, 124항 –

## 01
# '거룩한 공간'이란?

프랑스어를 배우러 파리에 갔다가 고딕 성당으로 유명한 샤르트르 대성당에 간 적이 있습니다. 다행히 관광객이 적은 시간대에 들어가서 성당 안은 한적했습니다. 제대 앞 신자석에 가만히 앉아 '기도하고 묵상하기 참 좋다'고 생각하는 순간, 웅장한 오르간 연주 소리가 들려왔습니다. 고개를 들어 소리가 울려 퍼지는 오르간의 파이프들을 바라보다가 성당 벽면에 펼쳐진 스테인드글라스를 통한 빛의 향연에 넋을 잃고 묵상을 하느님께 대한 찬미로 바꾸었던 기억이 생생합니다. 유럽의 많은 성당이 웅장하고 멋있으며 역사적인 건물이지만 그 안에서 거행되는 미사에 참여하는 사람들의 수가 적음에 실망했던 저는 그 순간 성당 자체가 주는 성스러움을 통해 하느님의 현존을 느낄 수 있었습니다.

교회는 '하느님의 부르심에 응답하여 모인 공동체'라는 의미의 '교회'(ecclesia)가 있으며, 이 공동체로서의 교회가 모여서 전례를 거행하는 장소인 '성당'(聖堂)이 있습니다. 가톨릭에서 가장 저명한 성령론 학자인 이브 콩가르(Yves Congar) 추기경은 성당을 "신비인 교회의 공간적 이콘"이라고 말합니다. 그 성당 안에서 거행되는 전례는 당신 백성 가운데 계시는 하느님의 상징적 현존을 표현하며, 하느님이 인간 역사에서 이룩한 놀라운 신비들을 기념합니다.

지금부터 왜 사람은 종교적인 성스러움에 대한 갈망을 하는지 그래서 어떤 공간을 형성하는지에 대해서 알아보겠습니다.

## 공간과 시간에 연결된 사람

사람은 기본적으로 두 좌표, 곧 시간과 공간이라는 조건에서 살아갑니다. 사람은 시간 안에서 생활하며 공간을 점유합니다. 이것이 삶의 제한처럼 느껴져서 시간의 구애를 받지 않고 영원히 사는 것을 추구하며, 국경 없이 자유롭게 날아다니는 새를 동경할 때가 있습니다. 아무래도 시간과 공간의 한계를 체험하면서 고통을 겪는 과정을 통해 이런 한계들을 뛰어넘는 세상을 희망하는 것이 사람의 본성이 아닐까 합니다.

그런데, 이런 한계를 없애는 영원한 실재를 만난다면 자기 자신도 그렇게 시간과 공간이라는 감옥에서 탈출하여 영원과 무한함을 누리고 싶은 열망을 지니게 됩니다. 사람 스스로는 이룰 수 없는 이 희망을 시간과 공간을 초월한 절대적인 하느님을 만나면서 현실이 될 수 있음을 그리스도인들은 예수 그리스도에게서 발견합니다. 그래서 그분을 믿고 따르며, 전례 거행을 통하여 그분의 말씀과 행적을 기념하며 우리의 희망이 실재가 되기를 간절히 청하지요.

건축학자인 김광현 서울대 명예교수는 『성당, 빛의 성작—전례와 공간』에서 공간과 시간에 대한 지평을 라틴어를 통해 넓혀 줍니다. "라틴어 'templum'(성전)에서 'tem-'은 잘라낸 땅이라는 뜻이다. 이곳의 거룩함과 저곳의 속된 것을 구별하기 위해 땅을 잘라냈다는 말이다. 'tem-'은 '뻗치다' '잡아당기다'라는 뜻도 있다. 제단 앞에서 공간을 신중하게 비웠다는 말이다. 또 종교학자들은 'templum'은 'tempus'(시간)와 어원이 같다는 것에 주목한다. 시간과 공간의 지평에서 일어나는 움직임의 공간적인 측면이 'templum'이고, 질적으로 다른 그것의 시간이 'tempus'다." 곧 '하느님의 집'이면서 '하느님 백성의 집'인 성당은 공간적으로 성별(聖別)된 'templum'이자, 시간적으로 성별된 'tempus'라 할 수 있습니다.

### 사람의 종교적 특성이 만든 공간

종교학자 미르치아 엘리아데(Mircea Eliade)는 『종교의 의미—물음과 답변』에서 사람이 종교적 인간(*homo religious*), 곧 모든 사람에게는 종교적 성향이 있다고 주장합니다. 그의 종교적 성향은 매주 교회나 사찰에 찾아가는 적극적인 종교 참여자만을 의미하지 않습니다. 그에게 종교는 "반드시 신, 신들, 정령에 대한 신앙을 의미하는 것이 아니라, 성스러움의 경험을 가리키며 따라서 존재, 의미, 진리의 개념과 연관이 있는 것"이기 때문입니다.

사람은 스스로 한계가 있음을 깨달으면서 그 한계를 초월한 존재에 대한 경외와 두려움, 그리고 신비로움을 지니는 종교성이 나타납니다. 종교 현상학자인 루돌프 오토(Rudolf Otto)는 1917년에 출간된 『성스러움의 의미』에서, 성스러운 것 앞에서의 두려운 감정, 경외감을 불러일으키는 신비(mysterium tremendum), 압도적인 힘의 위력을 분출하는 장엄함(majestas), 곧 존재의 완전한 충만성이 꽃 피어나는 매혹적인 신비(mysterium fascinans) 앞에서의 경건한 두려움에 대해서 말합니다.

이러한 성스러운 것에 대한 경건한 두려움은 건축에 반영됩니다. 김광현 교수는 사람이 건축을 시작한 것은 비바람과 맹수를 피하기 위한 피난처(shelter)를 만드는 것이었는데, 이런 피난처가 사람이 쉬거나 잠을 자는 곳만이 아니라, 사람의 두려움을 신비로움으로 바꾸는 힘도 함께 지니고 있었다고 합니다. 그래서 "원시 건축에는 두 가지 집 말고는 없었다. 하나는 신을 위해 짓는 집이고, 다른 하나는 인간을 위해 짓는 집이다. 신의 집을 만드는 방식은 두 가지였다. 첫째, 임신한 여자의 모습을 그리거나 동굴 내부 공간에 '어머니로서의 대지'라는 관념을 투사함으로써 자연의 풍요로움을 기원했다"고 합니다.

## 성경에서 말하는 최초의 거룩한 공간

창세기 2장과 3장은 우리에게 본성적으로 알고 싶어 하는 욕망과 절대적 지배, 그리고 거룩함에 대한 통찰력을 갈망하는 사람을 드러냅니다. 이 갈망에 대해 잘 아는 유혹자 뱀은 이렇게 속임수를 씁니다. "너희는 결코 죽지 않는다. 너희가 그것을 먹는 날, 너희 눈이 열려 하느님처럼 되어서 선과 악을 알게 될 줄을 하느님께서 아시고 그렇게 말씀하신 것이다"(창세 3,4). 이 부분에 대해서 전례학자인 빈첸초 가티(Vincenzo Gatti)는 『전례와 예술』에서 "창세기 3장과 성경에서 일반적으로 '안다'는 용어는 창조된 실재와 자신의 삶에 대한 본질적인 지배와 동등하다"라고 말합니다. '어떤 것을 안다'고 했을 때, '그것을 지배한다'는 의미임을 깨닫게 됩니다.

사람의 이런 지적 호기심과 절대적 지배 욕구는 결국에 '죽음'과 '알몸에 대한 인식'이라는 결과를 초래합니다. 죽음이 아담과 하와에게 처음부터 자연스러운 것이 아니었음을 사도 바오로는 말해 줍니다. "한 사람을 통하여 죄가 세상에 들어왔고 죄를 통하여 죽음이 들어왔듯이, 또한 이렇게 모두 죄를 지었으므로 모든 사람에게 죽음이 미치게 되었습니다"(로마 5,12).

"동쪽에 있는 에덴 동산"(창세 2,8)은 사람이 하느님의 얼굴을 마주 보며 대화를 나누었고 의식주에 관한 염려와 죽음에 대한 걱정이 없었던 '거룩한 공간'이었습니다. 여기서 '거룩함'의 근거는 바로 '하느님의 현존'입니다. 그리고 이렇게 하느님의 현존을 깨닫고 흠 없이 살아가는 것을 '성덕'이라고 합니다. 성덕의 소명에 관한 교황 권고 「기뻐하고 즐거워하여라」(2018.03.19.)를 시작하면서 프란치스코 교황께서는 "주님께서는 아브라함에게 이렇게 말씀하시며 그를 성덕으로 부르십니다. '너는 내 앞에서 살아가며 흠 없는 이가 되어라'(창세 17,1)"라고 하며 모든 이가 거룩한 사람이 되기를 바라시는 주님의 열망을 드러냅니다.

## 02
# 구약의 '거룩한 공간'

소설가 김영하는 자신의 시칠리아에서의 생활을 진술하고 역사적인 스토리텔링을 통해 재미있게 적은 『오래 준비해 온 대답』에서 '신전'을 이렇게 표현합니다. "신전이라는 말에는 태생적으로 아이러니가 있다. 신전은 신이 사는 집이지만 실은 인간이 지은 것이다. 신전은 인간 스스로가 상상해 낸, 크고 위대한 어떤 존재를 위해 지은 집이다. 그러나 인간이 지어 올렸기에 이 집들은 끝내 돌무더기로 변해 버린다. 세월이 지나면 무너진다는 것, 폐허가 된다는 것, 이것이야말로 신전이라는 건축물의 운명이다." '신전'은 인간의 건축물이라는 관점에서는 세워졌다가 폐허가 되지만, '신이 머무는 곳'이라는 개념으로 접근한다면 또 다른 연속성을 지니게 됩니다.

'신전'하면 떠오르는 곳은 어디가 있을까요? 아테네의 아크

로폴리스 파르테논 신전, 로마의 카피톨리노 언덕 유피테르 신전, 시칠리아의 아그리젠토 신전의 계곡 등이 유명하지요. 신자라면 아무래도 예루살렘 성전이 생각날 것이구요. 그런데, 그런 신전들은 현재 그저 유적으로 남아 있지, 그에 합당한 예배를 드리는 신전으로 남아 있는 곳은 없습니다. 구약에서 '신이 머무는 곳'은 어떻게 변화했는지 알아보겠습니다.

### 하느님이 선택했다는 표지인 거룩한 장소!

구약에서 거룩한 장소는 다른 모든 종교에서와 마찬가지로 신의 현존과 행위가 드러난 곳이었으며, 특히 선택의 표지였습니다. 곧 온 땅의 하느님께서 특별한 한 장소에 나타나시고 특별히 한 백성을 선택하신 것입니다. 이스라엘 백성에게 신성한 장소는 성서적 종교를 특징짓는 두 개의 긴장 요소인 '하느님의 불가시성과 가까운 현존' 및 '보편성과 고유성'이 함께하는 장소입니다.

기원전 13세기에 모세는 장인 이트로의 양 떼를 치다가 호렙산으로 갔습니다. 하느님의 산인 호렙산은 산 전체가 하느님의 성전입니다. 불타는 떨기나무를 보고 다가오는 모세에게 주님께서 모세를 부르시고 "이리 가까이 오지 마라. 네가 서 있는 곳은 거룩한 땅이니, 네 발에서 신을 벗어라"(탈출 3,5)라고 말씀하십니다. 여기서 신발을 벗는 것은 거룩한 공간과 세속의 공간을 나누는 행위입니다. 유다인들은 성전에 들어가기 전에 신발을 벗었으며, 이슬람의 모스크에는 오늘날에도 신발을 벗고 맨발로 들어가

꿇고 엎드려 기도합니다. 이렇듯 하느님은 형언할 수 없는 표지를 통해 거룩한 장소로 모세를 부르시고 그를 이스라엘의 선지자로 선택했습니다.

### 야곱의 '하느님의 집' 베텔!

'하느님의 집'인 성당을 제일 처음 세운 사람은 아마도 야곱일 겁니다. 야곱이 어떤 곳에서 돌을 베고 누워 자다가 하늘까지 닿는 층계를 꿈꾼 체험에 그 기원이 있습니다(창세 28,10~22). 야곱은 그 자리에, 머리에 베었던 돌을 기념 기둥으로 세우고 그 꼭대기에 기름을 부어 '이곳'이 '하느님의 집' '하늘의 문'(창세 28,17)이라 말하며 주위와 격리된 거룩한 장소로 만들었습니다. 기름부음을 받은 기념 기둥은 크리스마 성유 바름과 기도를 통해 축성되는 성당의 제대를 암시한다고 해도 과언이 아닙니다.

회화로는 1578년에 틴토레토가 그린 '야곱의 사다리'가 있습니다. 그런데 사다리가 아니라 돌계단이 하늘로 이어져 있으며 신비한 구름에 감싸여 있는 저 끝에는 하느님이 내려다보고 계시는 것으로 묘사되어 있습니다. 영적인 차원에서 요한 클리마쿠스(†649)가 쓴 『천국의 사다리』는 수도승 영성을 종합한 작품으로 '신적 빛에 의한 인간의 신화(神化)'에 이르는 길을 제시합니다. 곧 영성적 삶의 계단을 하나하나 오르다 보면 언젠가는 하느님과 일치하리라는 희망 속에서 삶에서 만나는 계단들을 어떻게 올라가야 하는지를 수도승의 지혜로 설명해 주고 있는 책입니다.

**하느님이 주도하여 건립한 성막!**

이스라엘 백성을 이집트로부터 탈출시킨 하느님은 시나이산에서 모세에게 스스로 백성 가운데 살고자 하는 소망을 드러냅니다. “그들이 나를 위하여 성소를 만들게 하여라. 그러면 내가 그들 가운데에 머물겠다”(탈출 25,8). 그리고 성소 건립을 위한 세세한 지시까지 주시는 주님입니다. “내가 너에게 보여 주는 성막의 모형과 온갖 기물의 모형에 따라 모든 것을 만들어라”(탈출 25,9). 예를 들면 계약 궤는 아카시아 나무로 만들고 “길이는 두 암마 반, 너비는 한 암마 반, 높이도 한 암마 반으로 하여라. 너는 그것을 순금으로 입히는데, 안팎을 입혀라. 그 둘레에는 금테를 둘러라”(탈출 25,10~11)라고 합니다. 그분은 자신이 제안한 계획을 완벽하게 수행하기 위해 자신이 선택한 기술자에게 자신의 영을 보내십니다(탈출 31,1~11; 37,1~9).

하느님께서는 당신의 현존을 드러내고 이스라엘 민족과 계약을 맺었음을 알리는 ‘계약 궤’가 있는 곳에서 “이스라엘 자손들을 위하여 모세에게 명령할 모든 것을 일러주겠다”(탈출 25,22)라고 하십니다. 성막은 공간이 세 부분, 뜰, 성소, 지성소로 나뉩니다. 성소에는 사제가 들어가고 지성소에는 대사제만이 들어갈 수 있지만, 성막의 뜰에는 이스라엘 백성 누구나 들어갈 수 있었습니다. 번제 제단이 있는 성막 뜰에서 백성은 “환호의 희생 제물을 봉헌하고 주님께 노래하며 찬미”(시편 27,6)를 드렸습니다.

### 세 번에 걸쳐 지어진 예루살렘 성전!

다윗이 계획한 성전은 그의 아들 솔로몬에 의해 기원전 968년에 시작하여 7년 후에 완성됩니다(열왕 6~8장; 2역대 1,18~5,1). 그 후 바빌론이 성전을 파괴했고 페르시아 임금 키루스의 칙령에 의해 유배에서 돌아온 유다인들과 함께 즈루빠벨이 성전을 기원전 520~515년 다시 지었습니다(에즈 5,1 이하). 그러나 이 성전은 기원전 169년 시리아의 안티오코스 4세에 의해 다시 파괴되었고 기원전 20년부터 대 헤로데가 세 번째로 성전을 짓기 시작합니다. 이 성전은 기원후 63년경 헤로데 아그리빠 2세 때 완공되었으나 유다 전쟁(66~70년)에서 로마군에 의해 완전히 폐허가 되었습니다. 예수님께서는 건설 중인 '헤로데 성전'에 가셔서 하느님께 기도하고 이스라엘 사람들을 가르치셨습니다.

다른 이교도 신들과 달리 하느님은 성막이나 성전에만 거처하시는 분이 아닙니다. 이스라엘 민족으로는 처음으로 성전을 봉헌한 솔로몬의 말에서 확인할 수 있습니다. "어찌 하느님께서 땅 위에 계시겠습니까? 저 하늘, 하늘 위의 하늘도 당신을 모시지 못할 터인데, 제가 지은 이 집이야 오죽하겠습니까?"(1열왕 8,27).

이스라엘의 성전은 사람과 하느님의 관계를 유지하기에 충분하지 않았으며, 예언자들은 삶과 분리된 번제물 봉헌에 대해서 비난했습니다. "무엇하러 나에게 이 많은 제물을 바치느냐? (…) 너희가 나의 얼굴을 보러 올 때 내 뜰을 짓밟으라고 누가 너희에게 시키더냐? 더 이상 헛된 제물을 가져오지 마라. (…) 너희의 손은 피로 가득하다"(이사 1,11~15). 신약에서 하느님의 말씀을 살아가는 삶이 또 다른 성전임을 예수님은 확인시켜 줍니다.

## 03
# 신약의 '거룩한 공간'

'호텔과 나이트클럽으로 재단장한 유럽 성당과 교회들(…) 왜?'라는 기사 제목을 본 적이 있습니다. 그리스도인들의 인구 감소에 따라 성당이나 교회 건물들이 클럽과 호텔 등 다른 용도로 변경되고 있다는 기사입니다. 벨기에의 성심 수녀원 건물이 카페와 콘서트장이 되고, 또 그 근처의 프란치스코회 건물은 고급 호텔로 재단장했다는 이야기지요. 한국도 남의 이야기가 아닙니다. 한국의 출산율은 세계에서도 최하 수준이고, 신자 증가율도 저조하며, 기존 신자의 냉담률도 상승하여 유럽이나 미국 성당이 겪었던 성당이 비워 가는 현상이 조만간 한국에도 생길 것입니다. 그렇다면 '성당'은 그냥 건물에 불과한 것인지, 아니면 그 나름대로 거룩함을 지닌 공간인지, 아니면 성당이 봉헌식을 통해 하느님께 축성받아 그리스도인들의 예배 공간일 때만 거룩한 공간인지를 묻게 됩니다. '성전'의 개념을 재정립하신 예수님에게서 답을 찾을 수 있을 겁니다. 그래서 로마 제국에서 헬레니즘의 문화적 영향을 받고, 유다이즘에 따른 종교적 영향 속에 있었던 신약 시대에 예수님과 제자 공동체에게 거룩한 공간은 어떤 개념이었고, 어디서 모임을 이어 갔는지를 살펴보겠습니다.

## 유다인들의 예배 공간인 성전(templum)과 회당(synagoga)

성경에는 '성전'과 '회당'이라는 종교적 건물에 대한 두 개념이 있습니다. 이집트 탈출 후 40년간의 광야 생활이나 가나안 정복 후에도 판관 시대에는 계약 궤를 모신 '성막'이 정치적·종교적·사회적 구심점 역할을 했습니다. 다윗이 통일 왕국을 건설한 후에 그의 아들인 솔로몬이 예루살렘에 '성전'을 짓고 계약 궤를 모십니다. 예수님 당시의 헤로데가 지은 성전을 중심으로 보면, 당시 사회적 구조를 확인할 수 있는 뜰들이 있습니다. 황금 문을 통해 성전에 들어서면 '이방인의 뜰'을 만나고 이곳은 이방인들도 들어오고 장사도 할 수 있어, 예수님께서 이곳을 장사와 환전하는 곳으로 더럽혔다고 분노하신 곳이기도 합니다(요한 2,13~22 참조). 그다음으로 유다인 여인들이 들어갈 수 있는 '여인의 뜰'을 만납니다. 다시 이곳에서 계단을 올라가면 좁고 긴 '이스라엘의 뜰'이 나타나고, 아름다운 청동문을 지나면 '사제의 뜰'이 나타납니다. 이곳에는 희생 제물을 도살하는 곳, 제물을 위한 제단, 정결 예식을 위한 청동 물두멍이 있습니다. 성전의 본 건물은 성소와 지성소으로 구성되어 있고, 휘장이 이 두 공간을 구분했습니다. 성전의 지성소로 향하면서 접근할 수 있는 자격을 통해 확인된 예수님 당시의 유다인 사회의 계급적 질서는 이방인, 여인, 유다인 남성, 사제, 대사제입니다.

유다인 회당은 유다교 집회의 중심지이고 신앙 공동체의 상징이었습니다. 고대 그리스어인 '시나고게'(synagoge)에서 유래한 '시나고그'(Synagogue)는 '함께 모여 하느님의 말씀을 듣고 배우는 장소'라는 의미입니다. 일부 학자들에 따르면 회당은 기원전 6세기 바빌론의 침략으로 기원전 587년 예루살렘 성전이 파괴되고 일부 유다인들이 바빌론으로 끌려가서 자신들의 정체성을 지키기 위해 세웠다고 합니다. 1세기에는 회당이 예루살렘에만 480여 개나 있었으며 팔레스타인 지역 밖에 흩어져 있던 유다인 거주지인 디아스포라에도 1,000여 개가 있었습니다. 성전이 희생제물을 바치는 예배 공간이라면, 회당은 하느님의 말씀을 듣고 배우는 예배 공간이라 하겠습니다.

## 하느님의 현존을 드러낸 예수님 자체가 살아 있는 성전!

예수님은 열두 살 되던 해에 파스카 축제를 지내려 부모님을 따라 예루살렘 성전으로 올라가셨습니다(루카 2,41~50). 복음서들은 예수님께서 공생활 중에 성전을 자주 방문하셨으며, 그곳에서 기도하시고, 가르치시고, 치유하시고, 당시 종교 지도자들과 논쟁하셨다고 전해 줍니다. 예수님께서 성전을 정화하신 사건은 모든 복음서가 공유하고 있습니다(마태 21,12~13; 마르 11,15~19; 루카 19,45~48; 요한 2,14~16). 성전에 대한 예수님의 비판은 의회 앞에서 열린 재판에서 그분이 당한 고발 중의 하나가 되었습니다(마르 14,58 참조).

신약의 참신성은 인간들 사이에서 하느님의 현존을 드러내는 참된 공간이 이제는 예루살렘 성전이 아니라 그리스도의 '몸'이라는 인식을 가진 것입니다(요한 2,21). 기원후 70년에 로마군에 의해 파괴된 예루살렘 성전은 예수님 이전에 하느님의 현존을 미리 보여 주던 표지였습니다. 사도 바오로는 이 개념을 또 다른 관점에서, 그리스도교 성전은 그리스도의 몸을 건설하기 위해 그리스도와 결합된 공동체라고 합니다. "여러분은 사도들과 예언자들의 기초 위에 세워진 건물이고, 그리스도 예수님께서는 바로 모퉁잇돌이십니다. 그리스도 안에서 전체가 잘 결합된 이 건물이 주님 안에서 거룩한 성전으로 자라납니다. 여러분도 그리스도 안에서 성령을 통하여 하느님의 거처로 함께 지어지고 있습니다" (에페 2,20~22; 2코린 6,16 참조).

### 그리스도인들만의 예배 공간이 된 가정집(domus ecclesiae)

초세기 그리스도교는 처음에는 성전에 가기도 했지만, 전례 회중의 기도 모임을 위해 마련된 '교회의 집'(domus ecclesiae)을 이용했습니다. 사도행전은 다음과 같이 전해 줍니다. "이 집 저 집에서 빵을 떼어 나누었으며, 즐겁고 순박한 마음으로 음식을 함께 먹고, 하느님을 찬미하며 온 백성에게서 호감을 얻었다"(사도 2,46). 여기서 '빵을 떼어 나누었다'는 것은 지금의 성찬례를 의미합니다.

'교회의 집'으로 사용되었던 로마 주택의 형태가 유프라테스 강 상류 지역에 있었던 시리아의 두라에우로포스(Dura-Europos)에서 1930년에 발견되었습니다. 어떤 상류 로마인의 전형적인 주택을 개조했으며, 집회실, 작은 세례실 등이 갖추어져 있었습니다. 이 주택이 '교회의 집'으로 활용되었는지를 알 수 있었던 것은 세례실에 그려진 '착한 목자' '물 위를 걷는 그리스도와 베드로' '중풍 병자를 고치신 예수님' 등의 프레스코 벽화들 때문입니다. 박해 시대를 겪었던 초기 한국천주교회의 신자 공동체의 모습을 연상시키는 초기 그리스도교 공동체의 신앙적 열정을 느끼게 하는 고고학적 발견입니다.

외적인 건물로서의 교회(성당)는 그리스도를 중심으로 모인 공동체인 교회를 위한 건물로, 지역 교회가 공간 속에 드러나는 이콘이며, 살아 있고 선택된 돌로 건설된 영적 건물을 위한 필수적인 은신처이기도 합니다. 성 아우구스티노의 말씀은 참된 교회란 외적 건물이 아닌 신자 공동체임을 확인시켜 줍니다. "이 교회는 여러분을 위해 건설되었지만, 여러분 자체가 교회입니다."

## 04
# 하느님 백성의 모임 공간인 성당

“질병이란 조화의 길에서 벗어나 달려간 종착역입니다. 조화의 길로 돌아오는 길이 치유의 시작이고, 조화의 길을 걷고 있는 생명체의 현재 모습이 바로 건강입니다”라고 엄동화 의사는 그의 저서 『진리 치유의 길』에서 말합니다. 건강은 ‘조화’라는 말이 참으로 와닿습니다. 그렇다면 ‘교회’(敎會)라는 하느님 백성의 모임과 ‘성당’(聖堂)이라는 하느님 백성이 모이는 공간도 마찬가지로 조화를 이루어야 건강한 공동체의 표상이 된다고 할 수 있습니다.

더 나아가 ‘성당’이 그리스도교의 예배인 전례를 거행하는 장소라는 관점에서는 전례 거행을 위해 마련된 여러 공간의 조화가 잘 이루어져야 건강한 예배를 하느님께 드릴 수 있으며, 하느님의 현존이 더 잘 느껴져서 그분의 ‘거룩함’으로 참여한 교우들 또한 거룩해지지요.

### '하느님 백성'의 개념

성당 건축은 예배를 위한 공간들을 체계적으로 구성하고 구체화하는 일입니다. 그래서 예배의 실천과 개념이 변하면 건물에도 필연적으로 중대한 변화가 일어납니다. 여기에 예배를 실행하는 '하느님 백성'의 개념이 분명해야 그에 따른 공간 구성과 배치가 조화를 이룰 수 있습니다.

「교회 헌장」 9항에서 '하느님 백성'에 관해 이렇게 말합니다. "유다인과 이방인 가운데에서 부르신 백성은 혈육에 따라서가 아니라 오로지 성령 안에서 하나로 모으시어, 하느님의 새로운 백성이 되게 하셨다. 그리스도를 믿는 이들은 썩어 없어질 씨앗에서 난 것이 아니라 썩지 않을 씨앗에서 살아 계시는 하느님의 말씀을 통하여 새로 났으며(1베드 1,23 참조), 혈육에서 나온 것이 아니라 물과 성령으로 새로 나(요한 3,5~6 참조), 마침내(…) 하느님 백성이 된 것이다(1베드 2,9~10)." 하느님 백성은 혈육이 아니라 물과 성령으로 새로 나서 하느님의 말씀을 따르는 백성이라 하겠습니다.

### ‘하느님의 집’ 인가 ‘하느님 백성의 집’ 인가?

이 하느님 백성은 본질과 역할에 있어서 보편 사제직과 직무 사제직으로 나뉘어 각기 특수한 방법으로 그리스도의 유일한 사제직에 참여합니다(교회 헌장, 10항 참조). 이러한 ‘하느님 백성’의 개념에 따라 성당은 적어도 세례를 통해 참여하는 보편 사제직과 성품을 통하여 수행하는 직무 사제직이 각각의 직무 수행을 하는 공간들로 구성됩니다. 여기서 ‘하느님 백성’은 기본적으로 하느님의 현존이 함께하는 공동체라는 사실을 전제합니다. 이는 「전례 헌장」 7항에서 “교회가 기도하고 찬양할 때에, ‘두 사람이나 세 사람이라도 내 이름으로 모인 곳에는 나도 함께 있기 때문이다’(마태 18,20)라고 약속하신 바로 그분께서 현존하신다”라는 분명한 선언이 확증합니다.

하느님은 집을 필요로 하지 않지만, 교회는 하느님을 위한 건물을 따로 두어서 거기에서 함께 모여 하느님의 현존 속에 ‘하느님 백성’이 됩니다. 곧 하느님 백성이 전례를 거행할 때 하느님이 현존하시기에 성당은 ‘하느님의 집’이면서 동시에 ‘하느님 백성의 집’이 됩니다.

### ‘환대성’ 과 ‘정화’ 의 공간인 성당 현관 또는 홀

하느님의 백성은 하느님의 부르심을 받아 모이는 공동체입니다(로마 미사 경본 총지침, 27항 참조). 그렇기에 교회 건물의 ‘환대성'은 중요한 의미를 지닙니다. 교회는 모든 사람을 교회로 초대하고 그들을 환영해야 하며, 그들이 자신의 가정에서와 같이 편안하게 느끼도록 해야 합니다. 환대의 본질은 사람들이 모여서, 만나고, 서로를 알고, 공동의 목적을 가지고 함께 행동하게 하는 것이지요. 이런 공간이 성당 현관 또는 홀입니다. 또한 이 공간은 성당 내부에 들어가기 전에 거룩한 전례에 참여하기 위해 자신을 정화하는 곳이기에 '성수대'와 '고해소'가 배치됩니다. 물론, 성당 안에 이것들이 배치된 곳도 많습니다.

### 모이고 이동하고 찬미를 드리는 공간인 회중석

교우들이 들어와서 제대와 감실에 인사하고, 자리에 앉으면서 성당은 하느님 백성의 집으로서의 면모를 드러냅니다. 미사 중에 교우들은 봉헌과 영성체를 위해서 행렬을 지어 이동하며, 성가들과 화답송, 복음 전 환호송 등으로 하느님을 찬미합니다. 이런 회중석에 세례대, 성가대석이 함께 있습니다.

오랜 그리스도교 역사에서, 성당 내부는 이동을 위한 공간이었기에 의자가 없었습니다. 그래서 사람들은 독서대 주위에 모여서 있거나 제단이 더 잘 보이는 곳으로 갈 수 있었습니다. 14세기경부터 회중이 전례를 거행하는 동안 서 있거나 걸어 다니던 빈 공간에 점점 의자들이 많아졌고, 시간이 흘러 장의자로 채워지면서 '이동하는 회중'으로부터 '앉아 있는 회중'으로의 변화가 이루어졌지요. 1577년 밀라노 대주교인 카를로 보로메오가 남성과 여성의 분리된 좌석을 제안함으로써 '구분 없는 회중'으로부터 '남성과 여성으로 구분된 회중'으로 바뀌었습니다. 1960년대 이후에 교회는 '구분 없는 회중'으로 돌아왔지만, 아직 장의자로 인해 '앉아 있는 회중'으로 고정되어 다양한 공간 구성에 어려움은 존재합니다.

### 사제들이 전례를 집전하는 공간인 제단

제단은 일명 '사제들의 공간'이라고도 합니다. 이곳에는 말씀을 선포하고 강론하는 '독서대'가 있으며, 거룩한 성찬의 희생제사를 봉헌하는 '제대'가 중앙에 배치되어 있습니다. 그리고 전례 전체를 주례하는 주례 사제의 좌석과 전례 봉사를 하는 복사들의 좌석, 공동 집전하는 사제들의 좌석이 있습니다. 여기에 주님의 몸인 성체를 보관하는 감실이 있습니다.

이곳을 예전에는 '지성소'라고 하여 보다 특별히 거룩한 장소임을 드러내기 위해, 난간을 만들어 회중석과 구분하였고 출입할 수 있는 사람을 제한했습니다. 지금은 교계적 질서가 계급적 구분이 아니라 그리스도의 신비체로서 각각의 지체들의 직무와 역할에서 기인한 질서임을 밝히면서, 점차적으로 평신도에게도 전례에 봉사할 수 있는 길이 열려서 난간이 사라지고 높았던 제대가 낮아졌습니다.

엘리아데(M. Eliade, 1907~1986)는 유명한 저서 『성과 속』에서 하늘과의 교류가 이루어지는 '우주의 축'(axix mundi) 혹은 '우주의 기둥'(universalis columna)은 장소성과 공간성을 우주의 중심으로 삼고 거룩하게 하는 상징이라 말합니다. 성당은 하느님의 집이며, 하느님의 백성이 한 곳에 모여 예배를 드리고 기도하는 공간이며, 모세의 떨기나무 자리와 같은 '우주의 축'이며 '거룩한 장소'라 하겠습니다.

## 05
# 시대에 따른 성당의 변천

여행이나 순례하러 다니면서, 사제라서 그런지 지역의 성당들을 찾아가서 앉아서 묵상을 하고 공간을 살펴보는 것이 자연스러운 일입니다. 역사가 긴 유럽의 성당들은 시대와 나라와 문화에 따라 배치와 장식 등에서 차이가 있었습니다. 그러면서 생각한 것은 성당의 형태에 따라 신앙의 형태가 바뀌는 것인지 아니면, 시대와 문화에 따라 신앙의 표현 방식이 달라져서 성당의 형태가 바뀐 것인지를 생각하게 되었습니다. 이에 대해서 "우리가 우리 건물을 만들지만, 그 건물은 다시 우리를 만든다"라고 말한 영국 전 총리 윈스턴 처칠(Winston Churchill)은 성당과 신앙의 상호 호환적 관계에 대한 실마리를 마련해 주었습니다. 그렇다면 신앙 표현의 장소이면서 동시에 신앙 형성에 영향을 미치는 성당이 시대에 따라 어떻게 변천되었는지를 간략하게 살펴보겠습니다.

## 로마의 집회소가 하느님 백성의 예배 장소로

콘스탄티누스 황제는 313년에 밀라노 칙령을 통해 로마 제국 내의 모든 종교에 양식과 예배의 자유를 허용했으며, 이로 인하여 그리스도교도 더 이상 박해를 받지 않고 자유로이 하느님을 찬미할 수 있게 되었습니다. 그리스도인들은 주택과 다른 작은 장소들을 빌려 전례 공간으로 사용했던 것처럼, 로마 제국의 건축 양식도 차용했습니다. 특히 두 가지 고대 로마 건물 유형, 곧 사람이 모이는 직사각형의 홀 건물 유형으로 '왕의 홀'이라는 의미인 바실리카(basilica)와 '영묘'(靈廟, 마우솔레움 mausoleum)라는 원형의 건축 양식입니다. 초기 그리스도교 성당은 대체로 세 가지 큰 특징이 있습니다. 첫째, 로마 시대의 장대하고 화려한 건축에 비교하면 참으로 신중하고 간소했습니다. 둘째, 제대를 향해 움직이는 동적인 건축 공간〔현관, 중정인 아트리움, 성당 입구의 전실(前室), 중랑, 제대〕은 그리스도교의 동적인 성격을 더욱 분명히 해 주었습니다. 셋째, 성당의 위에서 내려오는 빛은 대리석과 모자이크 벽화 등으로 더욱 확산되어 주님을 향해 둘러싼 우리를 위에서 비춰 주시는 하느님의 존재를 드러냈습니다. 현재까지 남아 있는 성당들에서는 로마의 산 클레멘스 성당과 라벤나의 산 비탈레 성당이 있습니다.

## 돔과 모자이크 예술의 절정인 비잔티움 성당의 탄생

콘스탄티누스 황제는 330년 로마 제국의 수도를 로마에서 옛 그리스의 비잔티움으로 옮기고, 자신의 이름을 따 이 도시를 콘스탄티노폴리스라고 불렀습니다. 이곳에서 발전한 비잔티움 성당의 특징은 그리스의 예술에 로마의 기술과 공학이 합해지고 여기에 동방의 색채와 신비주의가 더해진 것입니다. 비잔티움 성당은 돔 건물(구조), 장식 체계(장식), 평면과 전례(기능)라는 점에서 다시 구상되었는데, 하기아 소피아는 이 세 가지가 종합된 최고의 걸작입니다. 비잔티움 성당 건축의 열쇠는 돔이라는 둥근 지붕이었고, 이는 본래 고대 로마(미네르바 메디카 사원, 판테온 등)에서 유래했습니다.

### 돌과 성인 공경, 그리고 종탑의 로마네스크!

로마네스크 건축 양식은 11~12세기의 현상이고, 이 용어는 '고대 로마 스타일'이라는 뜻입니다. 초기 그리스도교 성당의 지붕은 목재로 만들어져서 회중석의 폭도 한정되었고 내구성에 문제가 있었으며, 화재에도 취약했기에 로마네스크 성당은 넓고 높은 공간을 만들려고 그 위를 돌로 만든 지붕으로 덮으려 했습니다. 건축적으로 로마네스크 성당에는 긴 축, 교차 볼트, 반원의 아치 등 세 가지 중요한 요소가 있습니다. 긴 축을 고대 로마의 바실리카에서, 교차 볼트는 로마 목욕탕에서, 반원의 아치는 일반적인 건물에서 받아들인 것이지요. 로마네스크 성당의 가장 큰 공간적인 특징은 어둡고 중량감이 있는 내부 공간으로 두꺼운 벽에 뚫린 작은 창에서 빛이 들어와 견고한 돌바닥과 벽 위를 자유로이 비추는 모습을 통해 더없는 거룩함을 느끼게 됩니다. 창이 작고 벽이 넓어서 전례에서 사용하는 라틴어를 못 알아듣는 신자들을 위해 교리교육적 차원의 성경과 교리가 벽화로 그려졌습니다. 순교한 성인의 유해 공경이 발전하면서 제대 아래나 제대 안에 유해를 봉인하거나 지하 경당을 지어서 그곳에 유해를 모셨습니다. 이로 인하여 주교의 자리가 원형 제단의 중심이었던 예전의 전례 공간이 제대가 중심에 놓이면서 주교의 자리는 측면으로 이동했습니다. 성인의 유해가 있는 성당을 찾아다니는 순례객들을 위해 제대 주변에 경당을 방사형으로 배치했고, 이 경당들을 연결하는 큰 반원형의 주보랑이 생겼습니다.

### '돌의 벽'을 '빛의 벽'으로 전환한 고딕!

농업혁명이 일어나 상업이 발전하면서 상인과 장인이 도시에 모여들었습니다. 이처럼 12세기에는 도시가 급속하게 확대되었으며, 건축적인 측면에서도 발전하여 더 높은 건물을 지을 수 있게 되었습니다. 1144년 파리 근교의 생드니 수도원 부속 성당의 동쪽 제대 뒷부분을 고쳐서 7개의 방사형 경당을 두었고, 찬란한 스테인드글라스로 경당 벽 전체를 대신하면서 고딕 건축이 시작되었습니다. "유리를 통해 들어오는 빛은 찬란했고, 돌로 된 벽은 '빛의 벽'으로 바뀌었다"라는 김광현 교수가 『성당, 빛의 성작』에서 표현한 문장은 로마네스크가 '돌의 벽'으로 상징된다면, 고딕은 '빛의 벽'으로 상징될 수 있음을 잘 설명해 주고 있습니다. 고딕 대성당에는 두 개의 힘이 작용하는데, 하나는 제단을 향한 힘이고 다른 하나는 하늘을 향한 힘이라고 합니다. 이것을 실현하기 위한 세 가지 기술적 요소는 '교차 리브 볼트' '첨두 아치' '플라잉 버트레스'입니다. 이를 통해서 지붕이 가벼워지고, 이를 받치는 벽도 얇아지며 기둥도 가늘어졌습니다. 그래서 얇아진 벽에 '스테인드글라스'가 자리할 수 있게 되어 성당을 초월적인 빛의 세계로 만들게 되었지요. 고딕 성당의 특징 중의 하나가 '장미창'으로, 이는 그리스도를 빛의 아들로 표현하고 중앙에 군림한 그리스도로부터 열두 개의 바큇살로 방사하는 열두 사도가 그리스도의 복음을 온 세상에 전파한다는 의미입니다.

20세기 초에 교회를 쇄신하고자 나타난 '전례 운동'은 교회 전례에 가능한 한 많은 사람을 참여하게 해서 전례를 정확히 알게 하자는 움직임입니다. 이 운동에서 영향을 받은 교회는 제2차 바티칸 공의회에서 전례 개혁을 하게 되었고, 그 중심에 '신자들의 능동적 참여'라는 주제가 있습니다. 이런 영향은 성당 건축에도 반영되어 「전례 헌장」 124항에서 "성당 건축에서는 전례 행위의 실행과 신자들의 능동적 참여 확보에 적합하도록 힘써 배려하여야 한다"라고 했습니다.

현대 교회가 바라는 성당 건축은 과거의 어떤 스타일을 고집스럽게 강조하거나 새로운 예술적 창작물로서의 성당 건축만을 추구하지 않습니다. 오히려 '그리스도의 사제직을 수행하는 전례'에 대해서 제대로 이해하고, 그 전례가 올바르게 거행되며, 그 거행되는 전례에 하느님 백성이 능동적으로 참여할 수 있도록 공간을 형성하고 배치하는 성당 건축을 추구하지요.

## 06
# 그리스도교 입문의 첫 장소인 세례 샘

한국천주교회의 성당들에서는 찾기가 쉽지 않은 세례대나 세례 샘은 유럽에서는 당연히 있어야 하는 필수 전례 설비입니다. 그리스도인들은 이곳에서 세례를 받으며, 세례 후에는 이곳을 보면서 자신의 세례를 상기하고 세례 때 했던 하느님과의 약속을 기억합니다. 곧 세례대는 성수와 함께 그리스도교 입문의 첫 발자국인 세례를 상기하게 하여 모든 죄를 사함을 받고 삼위일체 하느님에 대한 믿음을 고백했으며, 그분의 자녀로서 살겠다고 약속한 사실을 되새기는 데 도움을 줍니다. 이제 세례 장소의 변천 과정과 의미를 살펴보겠습니다.

## 유다교의 정결례와 사도 시대의 세례

저명한 성서 고고학자인 롤랑 드보의 『구약시대의 종교풍속』에서 정결례와 성결례에 대한 의미를 잘 설명합니다. "고대인의 사고 세계에서는 부정한 것과 거룩한 것이 짝을 이루고 있는 개념들이다. 그들은 둘 다 신비한 힘, 곧 공포감을 일으키는 힘을 지니고 있어서, 그것들에 접촉하면 그 무서운 힘이 효력을 발생하고, 그것들과 일단 접촉한 것이 무엇이든지 이 세상에서 금기 목록에 들어갔다."

곧 부정한 것에 대한 접촉은 당연히 정화를 시켜야 한다는 사실은 인정하지만, 신과의 접촉도 성결례를 통해 정화해야 하는지에 대해 의문이 생깁니다(레위 11~26장 참조). 그 이유는 신과의 접촉에서 얻어진 거룩함은 일상생활과 구별된 특별한 상황이기 때문에, 일상생활로 되돌아오기 위해서는 그런 특수 상황에서 밖으로 나와야 한다는 것이지요. 이때 사용하는 "정화의 물"(민수 19,9)은 "향백나무와 우슬초와 다홍색 천"(민수 19,6)을 암소를 사르는 불에 넣어 태운 다음에 그 재(히브 9,13 참조)를 모아두었다가 생수에 혼합한 것입니다.

그러나 세례자 요한은 광야에서 "죄의 용서를 위한 회개의 세례"(마르 1,4)를 선포하였고, 예수님은 하느님 나라에 들어가기 위해서는 "물과 성령으로"(요한 3,5) 태어나야 한다고 가르쳤습니다. 사도 시대에서 세례는 "그리스도 예수님과 하나"(로마 6,3) 되게 하며, "유다인이든 그리스인이든 종이든 자유인이든 모두 한 성령 안에서 세례를 받아 한 몸이" 되도록 하고, 세례 때 받아서 하느님의 자녀가 되어 세례 때 받은 영이 하느님을 "아빠! 아버지!"(갈라 4,6)라고 외치도록 합니다. 곧 "구약의 정결례를 훨씬 뛰어넘는 신약의 세례는 주님의 수난과 부활 신비의 힘으로 더 큰 효과"(그리스도교 입문 총지침, 6항)를 냅니다.

### 다양한 형태의 세례 장소

그리스도교의 자유를 보장한 밀라노 칙령(313년) 이후에 그리스도교는 성당과 함께 세례당을 건설했는데, 이 형태는 '씻음'을 상징하는 로마의 공중목욕탕과 '죽음'을 상징하는 영묘인 마우솔레움을 본떴습니다. 세례 샘은 그리스도와 함께 묻히고 그리스도와 같이 부활하는 곳으로 그 의미에 맞추어 다양한 상징을 드러내는 형태로 발전했습니다.

초기의 세례당은 천상 예루살렘의 묵시적인 상징인 "네모반듯"(묵시 21,16), 곧 사각형이었으나, 440년경 완공된 로마 최초의 세례당인 성 조반니 인 라테라노 대성당의 세례당은 8각형이고, 5세기경의 이스라엘의 쉬브타(Shivta) 성당의 것은 십자형이며, 4세기 시리아의 데이르 세타(Deir Seta)는 6각형이었고, 사탑으로 유명한 피사 대성당의 세례당(14세기)은 원형입니다. 원형은 영원하신 삼위일체 하느님과 다시 태어남(요한 3,3)을 나타내고, 6각형은 한 주간의 여섯째인 금요일과 아담이 창조된 날에서 오는 죽음과 그리스도의 모노그램인 ☧의 여섯 꼭지점을 표현하며, 8각형은 창조의 일곱째 날인 "안식일이 지나고 주간 첫날"(마태 28,1)인 여덟째 날로서 '주님의 부활'을 의미하고, 유스티노 성인은 베드로 서간의 "노아는 다른 일곱 사람과 함께 지켜 주셨습니다"(2베드 2,5)를 언급하며 노아를 포함한 여덟 명은 구원의 "여덟째 날의 상징"이라고 합니다.

### 세례당, 세례반, 세례대, 세례 샘?!

세례당(洗禮堂)은 세례 성사를 거행하기 위해 따로 마련된 성당의 독립된 방 또는 건물을 말합니다. 세례반(洗禮盤)은 욕조처럼 물을 담는 넓은 바닥을 만든 것이고, 세례대(洗禮臺)는 세례를 편하게 하는 높이를 위해 받침대를 놓고 그 위에 세례수를 담는 그릇을 올려놓은 형태를 말합니다. 세례대와 "세례 샘"(洗禮所, baptismalis fons)은 교회법 제858조에 기반으로 '유아 세례 예식 지침' 10항에서 언급하고 있으며, 여기서 세례 샘을 모든 본당의 의무 시설로 말하고 있습니다.

392년 테오도시우스 황제(347~395)가 그리스도교를 로마 제국 전체의 국교로 선포하여 유럽에서 그리스도교가 널리 퍼지면서 한동안 성인 영세자가 급증했다가 서서히 줄어듭니다. 그래서 7세기 무렵에는 유아 세례가 일반화되면서 독립적인 건물인 세례당이나, 성인이 들어갈 정도의 큰 세례반은 필요하지 않게 되었습니다. 이러한 이유로 세례반은 유아 한 명이 물에 담길 정도로 작아졌고, 받침대를 두어 세례를 편하게 만든 세례대가 유행했지요.

### 세례 샘이나 세례대를 어디에 설치하는 것이 좋을까?

큰 성당의 경우에는 따로 세례를 위한 경당을 만들 수 있습니다. 그렇지 않으면 대개는 성당 입구나 제단의 한쪽에 세례대를 둡니다. 역사적으로 세례가 그리스도교 입문 성사라는 의미 때문에 성당 출입구 안이나 이와 가까운 곳에 두었는데, 이 경우에 성당에 들어가는 모든 사람이 세례대나 세례반을 볼 수 있어서 전례가 시작되기 전에 세례의 의미를 되새기는 기회를 제공할 수 있었습니다. 또한 이것을 제단의 적당한 자리에 배치한다면 독서대와 제대에서 거행되는 성체성사와 세례 성사의 연결을 자연스럽게 확인할 수 있으며 회중 전체가 함께 참여할 수 있습니다.

어디에 설치를 하든 "세례 샘, 곧 세례수가 솟아나거나 세례수를 준비해 둔 장소는 세례 성사만을 위하여 유보된 자리로서, 그리스도인들이 물과 성령으로 새로 태어나는 자리의 품위를 갖추어야"(그리스도교 입문 총지침, 25항) 합니다. 일 년에 몇 번 하지 않는 세례 샘은 실용 차원에서 필요성이 별로 없어서 설치하지 않는다고 한다면, 대신에 세례 성사를 거행할 때 사용하는 용기는 품격있고 상징성이 포함된 것을 사용했으면 좋겠습니다. 예를 들면, 유럽에서는 영원성을 의미하는 조가비 형태의 용기를 유아 세례 거행에서 세례수를 유아의 머리에 붓는 용도로 사용합니다.

새 세례 샘 축복 기도는 세례 장소가 지닌 의미를 되새기게 해 줍니다. "이 샘에서 태어나는 백성들이 믿음으로 약속한 것을 행동으로 지켜 내고 주님의 은총으로 시작한 것을 삶으로 드러내게 하소서."

## 07
# 하느님 백성의 자리인 회중석

'로마네스크 양식'을 모티브로 하여 건축된 성당이 아파트와 얼마나 조화를 이룰까 하는 생각을 했는데, 건축설계사 출신인 주임 신부님이 작은 터에 지은 의정부교구의 민락동성당은 아파트와 뒷산과 정말 잘 어울립니다. 무엇보다 신박한 것은 전례를 거행하는 공간에 개별 의자들을 배치하여 다양한 전례 거행에 맞추어 재배치를 용이하게 했습니다. 전례 공간에서 제일 넓은 신자들의 자리인 회중석의 의미와 변천을 알아보기로 하겠습니다.

### 산 이도 죽은 이도 들어가고 나가는 성당 문!

'성당 문', 하면 떠오르는 문이 있습니다. 432년에 제작된 로마의 아벤티노 언덕 위에 있는 성 사비나 성당의 나무문입니다.

이 문에는 구약과 신약의 28개 중요 장면이 새겨져 있어서, 성당에 들어가기 전에 이미 성당에서 무엇을 고백하고 어떤 예식을 거행하는지를 준비하도록 도와줍니다. 주님의 기념제인 성찬의 희생 제사를 거행하도록 함께 모이라고 부름을 받은 하느님 백성은 성당 문으로 들어옵니다. 그리스도인이 살아 있을 때 드나들던 성당 문은 죽은 후에도 남의 손에 의해 들어가고 나오는 문입니다.

회중이 모이면 제의를 입은 사제와 전례 봉사자들은 성당 입구로 들어와 회중 가운데를 통과해 제단으로 행렬을 지어 나갑니다. 이 입당 행렬을 통해 그리스도교 공동체가 말씀과 성찬으로 양육을 받아 "영혼의 구원"(1베드 1,9)을 향해 나아가는 하느님 백성임을 드러냅니다.

### 성막의 '성소'와 '지성소'는 성당의 '회중석'과 '제단'의 예표!

"전례 회중(liturgica congregatio)은 인간적, 인종적, 문화적, 사회적 관계를 넘어"(가톨릭 교회 교리서, 1097항) 그리스도와 교회의 만남인 모든 전례 행위에 참여하기 위해서 성당 문을 열고 들어옵니다. 그러면 크게 두 부분으로 된 공간을 만납니다. 이집트에서 탈출한 이스라엘 민족의 성막에서 유래한 '성소'와 '지성소'는 휘장으로 구분되었지만(히브 9,2~3 참조), 성당에서 '성소'는 회중석, '지성소'는 제단이 되어 계단과 난간으로 구분됩니다.

회중석은 성당의 머리 부분인 제단과 입구 부분인 현관 사이에 신자들이 앉아서 주님의 말씀을 듣고 기도하며 예물을 봉헌하거나 그분의 몸을 모시기 위해 행렬을 하는 넓은 공간을 말합니다.

**'배'(navis)에서 기원한 회중석(nave)!**

부활하신 예수님께서 티베리아스 호숫가에서 일곱 제자에게 당신 자신을 드러내시는 장면은 매우 경이롭습니다. 예수님은 고기를 못 잡고 있던 제자들에게 "그물을 배 오른쪽에 던져라" 하시고, 제자들을 위해 물고기와 빵으로 아침을 준비하신 후 "와서 아침을 먹어라"라고 말씀하시는 모습이 마치 성당에서 아침 미사를 연상시키며 그분의 말씀은 미사에 참석한 신자들에게 하시는 말씀처럼 들립니다. 히폴리투스 교부는 그리스도와 교회를 배에 비유합니다. "바다는 세상이다. 교회는 배와 같고 물결에 흔들리고 있다. 그러나 가라앉지는 않는다. 사실 그 배에는 뛰어나신 선장 그리스도가 계시다"(그리스도와 그리스도의 적, 59).

회중석의 본래 이름은 영어로 '네이브'(nave)로 '배'라는 뜻이지요. 초기 그리스도교에서는 이 부분을 배라는 뜻의 라틴어 '나비스'(navis)라고 불렀으며, 이 단어는 그리스어 '나우스'(naus)에서 유래했고, 고대 그리스 신전에서는 그 중심부를 '누스'(noos)라 했습니다.

고대 로마의 바실리카를 활용한 초기 그리스도교 성당은 박공지붕이나 아치로 된 형상이 하늘 나라를 향하는 선체나 배의 바닥의 중앙을 버티는 길고 큰 용골의 모양을 생각나게 합니다.

## 회중석의 장의자는 언제부터?

김광현 교수는 『성당, 빛의 성작』에서 "회중의 '석'(席)은 등받이가 달린 고정식 긴 의자를 말하는데, 영어로 'pews'라고 한다. 이 의자에는 무릎틀(장궤틀)이 붙어 있다. 장궤(長跪)란 몸을 똑바로 세운 채 오른쪽 무릎 또는 두 무릎을 꿇는 자세로 존경을 나타내는 행위를 말한다"라고 설명합니다.

그런데, 중세 말기까지, 곧 15세기에 이르러 성당에 장의자들이 배치되기 시작했으며, 16세기 후반에서는 그것이 본격화됩니다. 전례 역사가인 에드워드 폴리는 *From Age to Age*에서 이렇게 설명합니다. "행렬에서 강당 공간으로, 곧 움직임을 강조했던 장소로부터 듣는 것에 초점을 맞춘 장소로의 전환은 먼저 개신교회들, 그다음에는 로마 가톨릭교회에서 이루어졌다. (…) 당시의 극장들처럼 교회들은 장의자로 채워졌다. 장의자는 참석자들의 부동성, 심지어는 수동성을 어느 정도 상징했다."

## 능동적 참여를 위한 신자들의 자리!

회중석은 "신자들이 거룩한 전례에 몸과 마음으로 올바르게 참여할 수 있도록 정성껏 마련해야 한다. 신자들의 자리에는 원칙적으로 장궤틀이나 의자를 준비하는 것이 좋다. 그러나 어느 특정인을 위한 지정석을 두지 말아야 한다"(로마 미사 경본 총지침, 311항). "특정인을 위한 지정석"에 대한 언급은 16세기 말부터 교회의 허락을 받거나 비용을 내면 특정한 자리를 빌려주었던 관습에서 유래합니다. 사회적인 지위나 교회에 물질적인 도움을 준 이와 그의 가족에게는 성당 안의 강론대(pulpitum)에 가까운 곳에 의자를 할당하고 칸막이를 쳐 주었습니다. 이렇게 과거에 일부 신자들에 대한 특별 대우를 더 이상 하지 못하도록 한 현재의 전례 규정은 하느님 앞에서 모두가 평등한 백성임을 드러내고 있습니다.

능동적인 전례 참여를 증진하기 위해 회중석은 전례 거행에 집중할 수 있어야 하며, 제단과 긴밀한 연관성을 드러내어 신자가 거행 주체 중의 하나임을 느낄 수 있도록 구성해야 합니다. 또한 사회적 현상인 1인 가구 증가와 코로나19와 같은 전염병 대비와 인구의 도시 집중화에 따른 성당 공간의 협소함 등을 고려한 회중석 구성에 대해서 고민해야 합니다.

무엇보다, 회중석은 "고생하며 무거운 짐을 진 너희는 모두 나에게 오너라. 내가 너희에게 안식을 주겠다"(마태 11,28)라고 하신 주님을 만나는 전례에서 경청, 묵상, 휴식에 적합한 공간이면 좋겠습니다.

## 08
# 주님께서 앉으실 주례석

"정말 저 안에 베드로 사도의 의자가 있나요?" 처음 로마 유학하러 갔을 때, 선배 신부님의 안내로 베드로 대성당 안을 순례하다가 네 분의 교회 학자인 성 암브로시오, 성 아우구스티노, 성 요한 크리소스토모, 성 아타나시오가 들고 있는 베드로 사도의 의자에 대한 설명을 듣다가 제가 감탄하며 했던 질문입니다. 성 베드로가 로마에서 전교 활동을 할 때 앉았던 나무 의자의 조각들을 5세기경에 모아 그 위를 상아로 장식해 만든 것이 시초이며, 현재의 작품은 조각가 베르니니(Gian Lorenzo Bernini, 1598~1680)가 만든 것으로 1666년 1월 16일에 현재의 자리에 놓은 최초의 로마의 주교좌이며 교황좌이지요.

성령 강림 이후에 주일에 모인 그리스도인들 앞에서 성찬례를 주례하고 주님의 말씀을 선포한 베드로 사도의 모습을 교회는 그분의 앉았던 평범한 가정집 식탁 의자를 영광스럽게 보관하며 기억합니다. 이 의자는 로마의 주교좌로서 전례에서 "회중을 주도하고 기도를 이끄는 임무를 드러내"(로마 미사 경본 총지침, 310항)는 '주례 사제의 좌석'이며 '모든 이의 일치'의 상징입니다. 밀레비스의 옵타토 성인(†387년경)은 이렇게 말합니다. "로마 도성에 있는 베드로에게 반석이라 불렀다는 이유로 주교좌가 처음 부여되었습니다. 이 주교좌 안에서 모든 이가 일치를 보전하여야 한다는 사실을 여러분은 부인할 수 없습니다."

## 가르치는 권위와 일치의 상징인 주례석!

예수께서는 자리의 권위를 이렇게 말씀하셨습니다. "율법 학자들과 바리사이들은 모세의 자리에 앉아 있다. 그러니 그들이 너희에게 말하는 것은 다 실행하고 지켜라"(마태 23,1). 김광현 교수는『성당, 빛의 성작』에서 "이러한 권위는 하느님께 받은 것이다. 복음서에서 말하는 권위의 자리를 나타낼 때 사용한 자리가 그리스어로 '카테드라'(cathedra)이다. 주교의 권위를 상징하는 자리인 카테드라는 종종 작은 단 위에 놓이며 사제와 부제가 이 의자를 둘러싼다. 옛날에는 주교가 강론대나 독서대가 아닌 이 의자에 앉아 강론을 했다"라고 설명합니다. 지금은 주교좌뿐 아니라 주례석에서 강론을 할 수 있습니다(로마 미사 경본 총지침, 136항 참조).

### 전능하신 하느님과 주님의 영광을 드러내는 자리!

주교좌(主教座)는 일반적으로 공동체의 통치권을 표현하고 특히 주교의 정확한 역할, 곧 하느님의 말씀을 가르치고 전달하는 역할을 드러냅니다. 이것을 이미지로 표현한 '전능하신 하느님'(Pantocrator) 또는 '주님의 영광'(Maiestas Domini)은 후진(後陣, absis: 성당 제단 뒤에 마련된 반원형의 장소)에 위치한 주교좌 위에 표현되었습니다. 여기서 그리스도는 좌석에 앉아 왼손에 책을 들고 오른손으로 가르치는 동작을 표현합니다. 때로는 '거룩한 책 또는 보석으로 장식된 영광스러운 십자가가 놓여 있는 빈자리의 모습'(Etimatia, '준비'라는 의미)으로 표현되기도 합니다. 여기서 그리스도의 형상이 없다는 것은 그분이 세상 끝 날에 심판자로서 다시 오실 때(마태 24,30; 26,64)까지 현존하겠다는 약속을 드러냅니다. 이러한 주교좌 위의 반원형 천장에 그려진 이미지들은 주교의 이중적인 기능, 곧 교의와 윤리에 대한 가르침과 통치권을 알려 줍니다.

### 주교의 존엄성과 의무를 드러내는 주교좌!

콘스탄티누스 황제(272~337) 치하에서 시작된 주교의 존엄성에 대한 탁월한 개념은 주교좌에 대한 명예로, 눈에 띄게 강조되었습니다. 전례 역사가인 마리오 리게티(Mario Righetti)는 『전례 역사』(*Storia liturgica*) 제1권에서 주교좌와 관련된 특별한 예식인 착좌식(Inthronisatio)과 그곳에서 행하는 주교의 법정(Episcopalis audientia)에 대해 알려 줍니다. 318년 칙령을 통해 콘스탄티누스는 주교에게 실제 시민 사법권을 부여했으며 이어진 그리스도인 황제들에 의해 확인되었습니다. 따라서 각 주교는 때때로 자기 교구의 주요 본당에서 분쟁 당사자로부터 민사 분쟁을 포함한 분쟁을 듣고 정당성을 논의하고 판결할 수 있는 '주교의 사법권'을 주교좌에서 행함으로써 주교좌는 주교의 사목적이고 법적인 의무를 드러냈습니다.

### 화려해졌던 주교좌!

초기의 주교좌는 약간 높은 등받이와 값비싼 장식으로 꾸며진 천으로 덮인 팔걸이가 있는 원로원의 의자와 유사한 모양이었습니다. 그리스도교가 바실리카 양식의 대성당에서 전례 거행하는 것이 자연스러워지면서 11~12세기까지 주교좌는 일반적으로 돌이나 대리석으로 만들었고 모자이크나 조각으로 풍성하게 장식되었으며 높은 등받이가 있고 중앙에 큰 원형의 반암(斑岩)이 박혀 있기도 했습니다. 그것은 세 개 이상의 계단으로 올라가게 되어 있었으며, 주교좌를 중심으로 양쪽으로 뻗어 있는 사제 공동 좌석들이 배치되었습니다. 그러나 이미 카롤링거 시대의 『로마 예식』(*Ordo Romano*) 제5권에서 성찬례 동안 주교가 후진(後陣)이 아니라 제대 오른편에 있는 주교좌에 앉았음을 말합니다. 한동안 주교좌는 이동식 왕좌 형태로 제작되고 그날의 전례력에 따라 전례색이 들어간 값비싼 커버로 덮여 있어야 하고, 주교좌 위에 발다키노(Baldacchino, 천개, 天蓋)를 설치하고 주교좌에는 쿠

션이 놓여 있어야 했습니다. 반면에 제2차 바티칸 공의회 이후에 주교좌와 함께 주례석을 왕좌처럼 보이지 않도록 하고, 주교좌 위에 발다키노가 이미 있는 것은 보존하지만 새로 설치하는 것을 피하도록 규정하고 있습니다. 그리고 제대는 제단 중앙으로 옮겨졌고, 주례석은 "제단의 조금 높은 데에 있으면서 신자들과 마주 보는 곳"(로마 미사 경본 총지침, 310항)에 배치하도록 변경되었습니다. 이러한 변화는 "당신 자신을 비우시어 종의 모습을 취하시어 사람들과 같이 되신"(필리 2,7) 주님 육화의 신비를 드러내는 표징이라 하겠습니다.

베드로의 주교좌에서 시작된 주례석의 우월한 위치는 '주례의 장소'로써 주례 사제가 머리이신 "그리스도를 대신하여"(교회 헌장, 28항) 믿음의 백성을 이끌고, 그들의 기도를 주도하며, 그들에게 구원의 소식을 선포하는 자리입니다. 이러한 주례석이 『조선경국전』(朝鮮經國典)에서 정도전이 말한 "검이불루 화이불치"(儉而不陋 華而不侈), 곧 '검소하되 누추하지 않고, 화려하되 사치스럽지 않은' 아름다움을 드러내고, 그곳에 앉는 사람에게서 그런 아름다움이 자연스럽게 뿜어나왔으면 좋겠습니다.

09

# 말씀의 선포 장소인 독서대

"왜 이 성당은 독서대가 두 개일까?" 영화 「로마의 휴일」로 유명해진 '진실의 입'이 있는 코스메딘 산타 마리아 성당에 들어가면, 독서대가 두 개입니다. 가만히 살펴보면, 하나는 해가 떠오르는 동쪽에 배치된 제대를 향해 있고, 다른 하나는 남쪽에 위치하여 북쪽을 향해 있으며, 그 아래에는 빈 무덤을 상징하는 회색 대리석이 있고 옆에는 모자이크로 장식된 대리석 파스카 촛대가 서 있습니다. 구약과 신약의 서간을 낭독하는 '독서대'와 구원을 선포하는 복음을 빛의 세계인 남쪽에서 어둠의 세계인 북쪽으로 선포하는 '복음대'로 구성된 모양새입니다. 성찬 전례의 중심인 제대가 주로 강조된 한국 성당들에서는 볼 수 없는 말씀 전례의 공간의 독특함이 눈에 부각되었던 기억이 있습니다.

### 독서대의 성서적 배경

말씀을 선포하는 장소인 독서대의 기원은 유다교 회당에서 토라를 낭독하고 그것을 설명하는 장소인 베마(bema)에서 찾을 수 있습니다. 그 기원을 찾아 올라가면 에즈라 사제가 회중 앞에서 "해 뜰 때부터 한낮이 되기까지" 율법서를 선포한 "나무 단"(느헤 8,4)이 등장합니다. 그래서 교회는 '성당 봉헌 예식'의 말씀 전례 제1독서는 언제나 느헤 8,2~4ㄱ.5~6.8~10을 봉독합니다.

인노첸시오 3세(재위 1198~1216)는 "이사야 예언서의 말씀인 '기쁜 소식을 전하는 시온아 높은 산으로 올라가라'(이사 40,9)와 주님께서 하신 말씀인 '내가 너희에게 어두운 데에서 말하는 것을 너희는 밝은 데에서 말하여라. 너희가 귓속말로 들은 것을 지붕 위에서 선포하여라'(마태 10,27)에 따라 부제는 복음을 선포하기 위해 독서대로 올라간다"라고 전해 줍니다.

'올라가서 선포하다'는 관점은 독서대의 라틴어 'Ambo'가 '올라가다'라는 뜻의 그리스어 'anabainein'에서 유래했음과 일치합니다. 성서적 배경과 어원상으로 볼 때, 독서대의 중요한 두 가지 특징은 회중이 자연스럽게 주의를 기울일 수 있는 높은 곳이라는 것과 주님의 말씀을 선포한다는 것입니다.

## 그리스도교에서의 독서대 발전

4세기경에 작성된 것으로 추정되는 『열두 사도들의 가르침: 디다케』와 『사도 헌장』은 이미 독서자와 부제가 독서를 위해 올라가는 높은 곳을 전제합니다. 그리고 규범적 성격의 첫 증언인 라오디케아 공의회(371년) 제15조에서 "성당에서 말씀을 낭송하거나 시편을 노래하는" 임무에 공식적으로 임명되지 않은 사람은 이 구조물에 올라가는 것을 금했습니다. 이를 통해서 교회는 일찍부터 독서를 할 수 있는 사람과 말씀의 공간에 대한 규정으로 그 가치를 분명히 하고 있습니다.

11~13세기 동안, 그전에 하나였던 독서대가 두 개로 증가하는 전환이 일어나는데, 저명한 전례학자인 발렌찌아노(C. Valenziano)는 『독서대— 하느님 말씀의 식탁』(*L'Ambone, tavola della parola di Dio*)에 게재한 「독서대의 역사적 측면」(L'Ambone: Aspetti storici)에서 이런 현상을 "독서대의 탈문화화"라고 합니다. 그가 설명하는 특징들은 대략 세 가지로 요약할 수 있습니다. 첫째는 독서대와 복음대로 구분하여 배치되어 있고, 둘째는 독서대가 빛을 상징하는 동쪽을 향하며, 복음대는 남쪽이나 북쪽에 배치한 방향성이 있으며, 셋째는 독서대와 복음대가 있는 공간을 낮은 담으로 둘러서 작은 정원처럼 만들어 하느님과 대화하는 에덴 동산이나 예수님의 말씀을 듣는 산상수훈의 언덕처럼 구성했다는 것입니다.

## 회중석으로 이동한 독서대

독서대는 13세기 이후에 회중석으로 이동하여 참석한 이들에게 말씀을 보다 잘 들을 수 있도록 배치되기 시작했습니다. 루이 부아예(Louis Bouyer, 1913~2004)는 저서 『건축과 전례』(*Architettura e Liturgia*)에서 독서대의 일종인 강론대(pulpitum)를 다음과 같이 설명합니다. "회중석에서 복음서가 위치하는 왼쪽 측면의 기둥에 위치했으며, 13세기 탁발 수도회(프란치스코회와 도미니코회)가 확산되면서 설교에 대한 새로운 자극으로 사용되었다. 이러한 위치는 많은 군중이 쉽게 접근해서 들을 수 있도록 해 주었다. 그리고 그곳은 더 이상 말씀 선포의 장소만이 아니라, 모국어로 하는 해설, 특히 복음이 선포되고 그에 따른 설교와 교리교육 등이 이루어졌다. 그러나 점차 그 사용은 강론에만 국한되었다."

1915년 명동성당에 최초로 '강론대'가 설치되었는데, 이것은 명동성당 주임 푸와넬(한자명 朴道行, 1855~1925) 신부의 고향 노르망디 지방에 있는 성당 강론대를 본떠 베네딕도회 목공소에서 만들었습니다. 강론대는 제단을 바라보고 오른쪽 세 번째 기둥에 설치되었고, 복음을 선포했습니다. 1978년 12월 명동성당 시설개선의 일환으로 철거되어, 그 부자재로 독서대와 제대를 만들었고, 일부는 혜화동성당의 독서대로 사용되고 있습니다.

### 제2차 바티칸 공의회 이후의 독서대

현재의 『로마 미사 경본 총지침』은 제2차 바티칸 공의회(1962~1965년)의 전례 개혁을 반영한 결과물입니다. 이 『로마 미사 경본 총지침』 309항은 독서대에 대한 규정을 말합니다. 구체적인 배치 위치나 형태 등을 자세히 말하기보다는 기본적인 원칙과 전례적 용도에 대해서 주로 언급합니다.

위치는 신자들이 집중할 수 있는 적절한 장소, 곧 "이 장소는 말씀 전례 동안 신자들이 자연스럽게 주의를 기울일 수 있는 곳"이어야 함을 말합니다. 그리고 단순한 이동식 간이 독서대가 아니라 어느 정도 품격이 있는 "고정된 독서대"를 놓으라고 강조합니다. 독서대에서 행해지는 전례 행위는 "오로지 독서들, 화답송, 파스카 찬송"이고 "강론과 보편 지향 기도"도 할 수 있다고 합니다. 독서대에서는 "말씀의 봉사자만" 올라가서 자신의 직분을 행할 수 있음을 밝힙니다.

'성당 봉헌 예식'에서 주교는 『미사 독서』를 교우들에게 보이며 이렇게 말합니다. "이 성당에서 언제나 하느님의 말씀이 울려 퍼져 우리에게 그리스도의 신비를 밝혀 주고 교회에서 우리의 구원을 이루어 줄 것입니다." 이어서 주교는 첫째 독서자에게 『미사 독서』를 줍니다. 독서대가 그리스도의 신비를 밝히며 우리의 구원을 이루는 아주 중요한 장소라는 사실을 확인시켜 줍니다. "믿음은 들음에서 오고 들음은 그리스도의 말씀으로 이루어집니다"(로마 10,17)라는 사도 바오로의 말씀이 실현되는 곳이 바로 '독서대'입니다. 새 독서대 축복 예식에서 사제는 신자들에게 축복 기도에 앞선 권고에서 독서대의 의미를 설명합니다. "독서대는 하느님 말씀의 식탁을 상징하는 표지이며, 하느님 말씀은 우리 신앙생활에 가장 필요한 양식입니다"(축복 예식, 908항). 곧 독서대는 우리를 영이며 생명인 하느님 말씀으로 양육하게 하는 식탁이기에 그 품격에 맞게 만들어지고 배치되어야 하겠습니다.

# 10
# 그리스도의 희생 제사와 제대

명동성당은 이제 천주교인들만의 장소가 아니라 관광객이면 당연히 들리는 관광 명소가 된 듯합니다. 그러나 여전히 성당 안에 들어가 기도하거나 미사에 참여하는 사람들은 신자들뿐이지요. 명동성당에는 역사적 변천을 확인할 수 있는 두 개의 제대가 있습니다. 지금은 없는 강론대로 만든 제대와 감실 아래에 있는 돌 제대입니다. 어떤 성당에 들어가든 시선의 중심에는 제대가 있으며 이는 『로마 미사 경본 총지침』의 "제대는 신자들의 회중 전체가 자연스럽게 시선을 집중할 수 있도록 참으로 성당의 중심에 그 자리를 잡아야 한다"(299항)라는 지침을 실현했기 때문입니다.

## 높은 분에게 태워서 봉헌하는 제대(altar)!

'제대'를 라틴어로 'altar'라 하는데, 이 단어는 'alta'와 'ara'가 합쳐진 명사입니다. 'alta'는 '높은'이라는 형용사이고 'ara'는 'are-re'(태우다, 연소시키다)라는 동사에서 유래했으리라 짐작합니다. 곧, 제대는 '높은 곳에 희생물을 놓고 태워서 하느님께 바친다'라는 의미입니다. 구약에서 희생물을 불에 태워서 바치는 돌로 된 제대가 성전 앞에 위치하고 있었으나, 신약에 들어와서 예수님의 최후 만찬을 통하여 나무로 된 식탁이 제대의 역할을 이어받습니다. 신앙을 증거하다가 죽음을 맞이한 순교자들의 무덤 위에 기념 성당을 짓는 경향이 생기면서, 제대는 무덤이라는 의미도 포함하게 됩니다. 그래서 『주님의 식탁』에서 도미니크 스코토는 "그리스도교 제대의 전통적인 형태는 식탁, 무덤, 제대라는 세 가지 서로 다른 기원을 가지고 있다"라고 했습니다.

## 최후 만찬의 식탁에서 시작된 초기 교회의 제대

예수님은 유다교의 희생 제사와 최후 만찬의 식탁을 조화롭게 구성했습니다. 예수님은 사랑 가득한 친밀감으로 당신의 제자들을 모아서 "너희와 함께 이 파스카 음식을 먹기를 간절히 바랐다"(루카 22,15)라고 하시며 식탁에서 이스라엘의 파스카 사건이 자신을 통해 이어짐을 밝히십니다. 첫 신자 공동체는 "사도들의 가르침을 받고 친교를 이루며 빵을 떼어 나누고 기도하는 일에 전념"(사도 2,42)하였습니다. 여기서 "빵을 떼어 나누고"는 지금의

'성찬례'를 의미하며 가정에서 사용하는 나무 식탁에서 이루어졌습니다. 그러다가 313년 콘스탄티누스 대제에 의한 밀라노 칙령으로 그리스도교 신앙의 자유가 선포되고, 황제의 지원으로 대성당이 세워지면서 전례 예식과 설비에 변화가 생겼습니다.

### 신앙의 자유 이후, 제대의 변화

이 집 저 집으로 옮기며 주일 전례를 할 필요가 없이 버젓이 성당이 세워지고 고정 제대를 갖출 수 있게 되면서, 제대의 재료는 나무에서 돌로 서서히 바뀠습니다. 나무보다는 돌이 더 위엄있고 견고하며 교회의 영속성과 잘 어울렸으며 예수님이 바로 "모퉁잇돌"(에페 2,20; 1베드 2,6)이라는 상징적 의미가 돌 제대에 의해 더욱 명확해졌기 때문입니다.

콘스탄티누스 대제 이후 순교자들을 기념하여 지은 성당들이 많아지면서 제대를 성당 아래 무덤 위에 직접 세우거나 아예 석관을 제대 안에 병합시킴으로써 가능한 한 제대를 순교자들의 무덤과 가까이 두려는 열망을 확인할 수 있습니다. 이렇게 제대 아래에 있는 순교자들의 무덤을 '콘페시오'(confessio, 고백) 또는 '마르티리움'(martyrium, 증언, 순교)이라 했습니다. 이런 현상은 고정된 제대를 구비하기 어려운 상황, 곧 선교사나 전쟁터로 나가는 군인들 등은 나무 식탁 위에 성인의 유해를 넣은 '성석'(聖石)을 나무 식탁 위에 놓고 그 위에 제대포로 덮은 이동 제대를 이용하도록 하는 관습으로 이어졌습니다. 현재는 "제대를 봉헌할 때 제대 밑에 순교자가 아니더라도 성인들의 유해를 모시는 관습은 적절하게 보존"(로마 미사 경본 총지침, 302항)하지만 꼭 그렇게 해야 하는 것은 아닙니다.

## 동쪽으로 방향 정립한 제대!

어떤 단체나 모임에 처음 가면 '오리엔테이션'(Orientation)을 합니다. 저는 '방향 정립'이라 말하는데, 이 말은 어원적으로 '떠오르는 빛을 향한 정렬'이라는 의미로 해가 뜨는 동쪽(orient)에서 유래했습니다. 아침에 떠오르는 해는 부활의 상징이며 하느님의 빛을 상징하므로 성당을 지을 때 동쪽은 중요한 기준이 되었습니다. 그리스도인은 예수께서 사도들에게 "동쪽에서 친 번개가 서쪽까지 비추듯 사람의 아들의 재림도 그러할 것이다"(마태 24,27; 에제 43,2 참조)를 기억하고 동쪽을 바라보며 기도했습니다. 그래서 제대도 '동쪽'을 향하는 동시에 그 자체로 동쪽의 일부가 되기도 했습니다. 그러나 시대의 흐름과 문화와 민족에 따라 동쪽을 향하던 초기 교회의 기도 방향은 변화되었습니다.

## 그리스도를 상징하는 제대는 문턱이며 식탁!

「제대 봉헌 예식 지침」에서 "모든 성당에서 제대는 성찬례로 이루어지는 감사 행위의 중심이며, 교회의 다른 예식들은 모두 이 중심을 향하고 있습니다"(4항)라고 합니다. 교회 저술가들은 제대에서 주님의 기념제를 거행하며 신자들이 그리스도의 몸과 피를 받아 모신다는 사실에서 그리스도의 표상, 곧 "제대는 그리스도이시다"라고 말합니다. 하느님과 인간의 중개자인 그리스도를 상징하는 제대에 대해서 로마노 과르디는 『미사, 제대로 드리기』에서 "제대는 문턱이고 동시에 식탁입니다. (…) 제대는 문턱으로서 우선 세상이라는 인간의 영역과 하느님의 영역을 구분해 줍니다. 제대는 하느님이 계시는 드높은 곳을 의식하게 합니다"라고 말합니다. 그리고 "제대는 하늘에 계신 아버지께서 우리와 함께하시는 식탁입니다"라고 하면서 그리스도의 희생을 통해 구원을 받은 우리가 하느님의 자녀로서 그분의 집에 받아들여졌음을 확인시켜 줍니다.

2022년 1월에 누적된 적자와 새로운 시설 기준을 충족하지 못하여 폐업을 한 성 안드레아 정신병원의 성당은 저에게 잊지 못할 전례 공간입니다. 정신병은 관계에서의 불통으로 인해 오는 병임을 깊이 인식한 병원장 수사님은 하느님과, 이웃과, 자신과의 소통을 드러낼 수 있는 성당을 지어달라고 이일훈 씨에게 설계를 부탁하여 드러난 실재는 소통이 어떤 것인지를 최대한 잘 보여 주었습니다. 성당은 소통의 공간입니다!

## 11
# 성체의 보존 장소인 감실

여러분에게 퀴즈 하나를 내봅니다. 그리스도의 몸인 성체를 모신 최초의 감실은 어디일까요? 예수님을 잉태한 동정녀 마리아시지요. 태중에 예수님을 모시고 아기 예수님을 키우고 소년 예수님을 성전에 봉헌하였으며, 또한 잃어버린 예수님을 성전에서 찾고, 공생활에 들어가신 예수님을 따라다닌 제자였고, 예수님의 수난과 부활, 승천이라는 파스카 사건에 함께하신 동정녀 마리아는 성체 조배를 가장 잘하신 신앙의 모범이십니다. 그래서 성모님을 '새로운 계약 궤'로 부르기도 했습니다. 이제 성당에서 성체를 모셔 놓는 장소인 감실(龕室)의 역사와 의미, 그리고 지침을 알아보겠습니다.

### 천막을 의미하는 라틴어 '타베르나쿨룸'!

감실은 라틴어로 '타베르나쿨룸'(*tabernaculum*)이라 하는데, 이 단어는 천막, 초막을 의미하며 탈출기에서는 계약 궤를 모셔 놓고 하느님이 머무르는 장막을 의미하는 용어로 사용합니다(탈출 26장, 40장 참조). 그리고 이제는 성체가 모셔져 있는 감실, 곧 '하느님의 현존'이 함께하는 공간을 뜻하는 신학적 용어로 발전했습니다. "보라, 이제 하느님의 거처는 사람들 가운데에 있다. 하느님께서 사람들과 함께 거처하시고 그들은 하느님의 백성이 될 것이다"(묵시 21,3)라는 성경 말씀을 생각하여 '*tabernacolum*'이라고 감실을 칭하였고 1614년 『로마 예식서』(*Rituale Romanum*)에서 공식적으로 사용했습니다.

이를 번역한 한국어 '감실'(龕室)은 본래 불교의 용어로, 시신을 화장한 후 나오는 뼈나 사리를 보관하는 작은 공간이나 함을 말합니다. 이 용어의 적합성에 대한 논의가 있었지만 적절한 용어를 찾지 못하여 그대로 사용하고 있으며, 현재의 『로마 미사 경본 총지침』(314~317항)에서는 '지극히 거룩하신 성체의 보존 장소'라고 풀어서 제목을 붙여서 '감실'의 의미를 설명하고 있습니다.

### 성체를 모셔 놓은 장소의 역사적 변화

초기 그리스도교에서부터 미사를 거행한 후에 성체를 보존했는데, 그 이유는 감옥에 갇힌 이들이나 병에 걸려 미사에 참석하지 못한 이들에게 성체를 영해 주기 위해서였습니다. 4세기 로마 제국에서 그리스도교 신앙이 공식적으로 인정받은 뒤에도 한동안 성체를 보관하는 장소는 여전히 성당 안에서 찾아볼 수 없었습니다. 7~8세기의 문헌에는 성체를 제의실에 보관했다는 언급이 있는데, 처음에는 '카파'(cappa) 또는 '피식시'(pyxis)라고 불리는 작은 함에 성체를 넣고 제의실의 장에 보관했습니다. 그리고 10세기부터는 성체를 제대 위에 줄로 매단 둥글고 작은 용기에 보관했습니다. 그런데 어느 지역에서는 이 용기를 쇠로 만든 비둘기 형태로 만들어 '성체 비둘기'라고도 불렀습니다. 감실이 나타나 서서히 현재의 형태를 갖추게 된 것은 12세기부터였습니다.

성체에 대한 경배는 교황 우르바노 4세가 1264년에 "성체 축일"(*Corpus Domini*: 현재의 '그리스도의 성체 성혈 대축일')을 제정하면서부터 본격화하였습니다. 이 축일에 성체를 모시고 행렬했던 것으로부터 시작하여 성체 현시와 성체 강복으로 발전했습니다. 성체 행렬을 하기 전과 후에 제대 위에 성체를 현시할 성광이 생겨났고, 이때부터 성체 경배가 널리 퍼졌습니다.

로마에서는 16세기에 주 제대 위에 감실을 마련하는 것이 일반화되었으며 감실이 성체성사의 중심처럼 여겨져서 더 정교하며 화려하게 장식되었고, 이로 인해서 그리스도의 희생 제사의 장소인 제대를 무색하게 만들었습니다.

제2차 바티칸 공의회의 전례 개혁에 의해 제대 위에 있던 감실은 제대와 분리되어 제단의 다른 곳이나 별도의 경당에 두도록 규정했습니다.

**제대와 감실의 싸움? 조화!**

베네딕도회 김인영 신부님은 1996년에 『제대와 감실의 싸움』을 출간하여 전례에 관심 있는 사람들에게 화제를 일으킨 적이 있습니다. 이 책의 의도는 제대와 감실의 본래 의미와 위치를 분명히 이해하고 조화를 찾아서 참된 신앙으로 이끌고자 하는 것입니다. 여기서 감실이 제대보다 성당에서 중심에 있게 된 원인을 "영성체하기보다는 성체 공경을 더 좋아하던 신앙생활의 실천보다는 미사의 의무를 더 강조하던, 말씀에 따라 사는 삶보다는 정적인 성체 조배를 더 강조하던 당시 신앙인의 모습이 이렇듯 감실이 주가 되는 성당 구조를 만들어 내었던 것"이라고 설명합니다.

감실은 성체를 모셔 두는 자리이고, 성체를 따로 모시는 까닭은 기본적으로 병자를 위해서, 어떤 사정으로 인해 미사에 참여하지 못한 신자에게 성체를 영해 주기 위해서입니다. 그리고 미사 때 신자들을 위해 충분한 제병을 준비하지 못한 경우를 대비하여, 또한 미사 때 남은 성체를 보관하기 위해서도 필요합니다. 반면에 제대는 파스카 신비의 절정인 그리스도의 희생 제사가 거행하는 곳으로 그리스도를 상징합니다. 곧 "너희는 나를 기억하여 이를 행하여라"(1코린 11,24)라는 예수님의 명을 따르는 곳이지요.

**감실에 대한 현재의 규정!**

제2차 바티칸 공의회 이후의 쇄신된 『로마 미사 경본 총지침』에서는 지극히 거룩한 성체 보존 장소인 감실은 "참으로 고상하고, 잘 드러나고, 잘 보이면서도 아름답게 꾸민 곳에, 또한 기도하기에 알맞은 곳에 마련"하며 "보통 하나이고 붙박이로 만들어야 하고 단단하고 깨지지 않는 불투명 재질"(314항)로 만들라고 합니다. 그 이유는 성체가 모독될 위험이 결코 없어야 하기 때문입니다. 그리고 "표지라는 의미에서 볼 때, 미사가 거행되는 제대에는 거룩하신 성체가 보존되는 감실을 두지 않는 것이 마땅하다"(315항)라고 합니다.

감실은 제단 안에 적절한 곳에 알맞은 형태로 설치하거나, 개인적으로 조배하고 기도하기에 알맞은 다른 경당에도 설치할 수 있습니다.

그리스도의 현존을 나타내고 경의를 표하는 감실 등불은 성당에 그분이 늘 함께하신다는 것을 드러냅니다. 그래서 신자들은 자연스럽게 눈길이 가는 감실에 인사를 해야 하는지, 그리스도를 상징하고 성당의 중심이라고 배운 제대에 인사를 해야 하는지 고민하게 합니다. 제대에도 감실에도 인사를 하면서 "세상 끝 날까지 언제나 너희와 함께 있겠다"(마태 28,20)고 약속하신 예수 그리스도께 감사드리면 좋으리라 생각합니다.

# 12
# 화해의 고해소와 찬미의 성가대석

사제는 성사들을 거행하면서 많은 은총 체험을 합니다. 그 대표적인 성사로는 성체성사와 고해성사입니다. 프란치스코 교황은 고해성사에서 자비로우신 하느님을 드러내는 사제의 역할을 강조하면서, 검사처럼 판단하고 꼬치꼬치 캐묻지 말고 인내로써 기다려 주고 친절한 말로 하느님 그리고 교회와 깊은 화해로 이끌어 주라고 당부합니다. 고해소는 죄를 심문받고 그에 따른 벌이 정해지는 곳이 아니라 자비로운 하느님을 만나 용서와 화해가 이루어지는 기적의 장소지요.

스페인의 바르셀로나 근처의 몬세라트 수도원에는 13세기부터 시작된 세계 3대 소년합창단인 '에스콜라니아'(Escolania)가 파스카 성삼일 전례에서 성가 봉사를 하면 천상 잔치에서 찬미하는 천사들의 합창단이 연상됩니다. 이렇듯 성가대는 전례를 더욱 장엄하게 하며 찬미와 찬양을 몸과 마음을 다해 바칠 수 있도록 이끌어 줍니다.

성당의 전례 공간에서 제단에 있지는 않지만, 고해소에서 용서와 화해를 이룬 교우들은 천상의 천사 합창단을 연상시키는 성가대의 도움을 받아 주님께 찬미와 찬양을 드리지요.

### '고해성사'는 언제부터 시작되었을까?

「고해성사 예식 지침」 1항은 그 기원을 예수님에게서 찾습니다. "예수님께서는 죄를 버리고 온 마음을 다하여 주님께 돌아오라며(루카 15장) 사람들에게 회개를 권고하셨을 뿐만 아니라, 죄인들을 받아들여 하느님 아버지와 화해시켜 주셨습니다(루카 5,20. 27~32; 7,48). 또한 병자들을 고쳐 주시어, 당신이 죄를 용서하는 권한을 가지고 있음을 드러내 보이셨습니다(마태 9,2~8 참조)." 그리고 사도들로 이어진 교회는 주님께서 고해성사를 제정하셨음과 신자들이 세례받은 후에 악마에게 속하여 타락의 길로 빠진 경우에 그 죄를 용서받을 수 있다는 것을 확신했음을 130~140년 사이에 로마에서 저술된 헤르마스의 『목자』는 말합니다.

### '고해소'는 어떻게 변천했을까?

고해 방법과 고해 장소는 시대에 따라 바뀌어 왔습니다. 고해 장소만 고려했을 때, 자체 구조를 지닌 고해소가 생긴 14세기 전까지는 성당의 계단이나 주례석 등에서 사제의 얼굴을 보면서 성사를 드렸다고 전해집니다. 밀라노의 주교인 성 가롤로 보로메오가 1577년 발표한 「성당의 가구와 비품에 관한 훈령」에서 사제와 고백자 사이에 작은 구멍들이 있는 철제 칸막이가 있어야 한다는 규정 등이 생겼습니다. 후에 고백자가 무릎을 꿇고 있는 장궤틀이 있는 칸막이가 고정화되었고 오늘에 이르게 되었습니다.

현행 「고해성사 예식 지침」은 "고해소에 관한 규범은 주교회의에서 정하되, 고해자와 고해 사제 사이에 고정된 칸막이가 설치된 고해소를 개방된 장소에 늘 마련해 두어, 고해를 바라는 신자들이 자유로이 사용할 수 있게 해야 한다"(12항)라고 말합니다.

### 다양한 신자들의 상황에 적응하는 고해소!

기본적으로는 고해의 비밀이 지켜질 수 있는 방음이 보장되고, 고해 신자의 유무를 확인할 수 있는 불투명 창이나 표시등이 필요합니다. 사목적 차원에서 평균 수명 증가에 따른 고령 신자와 신체장애 신자, 그리고 면담식 고해를 원하는 신자 등의 요구에 적절한 고해소의 설치가 요청됩니다. 관절이 안 좋고 귀가 잘 들리지 않는 고령 신자를 위한 의자와 헤드셋 설치, 휠체어를 이용하는 신자를 위한 고해소 문과 공간 확장, 면담식 고해를 할 수 있도록 대면식 의자 배치 등이 고려된 고해소가 요구되고 있으며, 오랫동안 앉아 있어야 하는 사제를 위한 냉난방과 공기 순환 시스템과 공간 확보에 신경을 써야 합니다.

### 성가대석의 본래 위치는 어디?

성가대석에 대해서 부아예(L. Bouyer)는 『건축과 전례』에서, "성가대석은 성가대원들과 그들이 전례 거행 중에 봉사하는 장소"라고 하며, "주 제대의 위치에 따라 제대의 앞이나 뒤로 위치가 변경"되었다고 합니다. 중세부터 성당에는 사제들이 전례를 거행하는 주된 공간인 제단과 회중석을 구분하는 낮은 난간(cancellus)이 생겼습니다. 이 제단 난간과 회중석 사이에 성직자나 수도자들이 전례 성가를 부르고 기도하는 자리를 마련했으며, 이 자리를 '성가대석'(chorus)이라고 했습니다.

수도원들이 발전하면서 수도원 성당 안의 한가운데에 놓인 성가대석은 하루 종일 시간에 맞춰 성무일도로 하느님께 찬미를 드리는 장소가 되었습니다. 김광현 교수는 『성당, 빛의 성작』에서 "고딕 시기에 이르러 성직자와 수도자들은 앉거나 서서 성무일도를 노래로 불렀으므로 의자가 필수적이었다. 대부분의 성가대석에는 양편에 서로 마주 보는 긴 좌석들이 놓여 있었고 각 좌석 앞에는 책꽂이가 있었으며 개별 좌석은 팔걸이로 나뉜다"라고 현재도 오랜 유럽의 성당들에서 볼 수 있는 성가대석에 대해서 잘 설명해 줍니다.

**회중의 한 부분으로 전례 봉사 임무를 수행하는 성가대석!**

현재의 성가대석은 과거처럼 장소가 고정되지 않고 "성가대도 모임을 이룬 신자 공동체의 한 부분이며 특별한 임무를 수행한다는 사실이 잘 드러나는 곳에 마련해야 한다"(312항)라는 『로마 미사 경본 총지침』의 규정에 따라 다양하게 배치를 고려할 수 있습니다. 다만 성가대원들이 맡은 임무인 전례에서의 음악 봉사를 쉽게 수행하고 성체를 모시기에 편리하며 미사에 완전하게 참여할 수 있는 장소에 배치되어야 합니다.

한국의 많은 성당이 성가대석을 2층에 배치했는데, 사제 개인의 취향이 아닌 교회의 규정에서 제시하는 기준을 참고하여 새로 건설되는 성당에서의 성가대석은 전례 정신이 실현되는 방식으로 배치되길 바랍니다. 또한 다른 공간들처럼, 오르간과 음향 스피커의 설치 장소에 대해서 성당 건축 설계를 할 때부터 고민해야 전례를 위한 공간인 성당은 제 기능을 할 겁니다.

성당 건축을 할 때 대개 재정과 수용 인원을 가장 우선적인 고려 대상으로 삼지만, 건립될 성당에서 교회 공동체가 무엇을 하러 모이는가 라는 근본적인 질문에 대한 깊은 성찰이 우선되어야 하지 않을까 합니다. 하느님의 집이며 동시에 하느님 백성의 집이기도 한 성당이라는 사실!

2024 Won's

제 4 부

# 알기 쉬운 미사 전례

"실제로 십자가의 희생 제사를 재현하는 미사 거행에서
그리스도께서는 당신의 이름으로 모인 회중과 집전자의 인격과
당신 말씀 안에 참으로 현존하시며,
성찬의 형상들 아래 실체로서 계속 현존하신다."

– 로마 미사 경본 총지침, 27항 –

01

## 누가, 누구를 만나러 미사에 오는가?

'반려동물'에 대한 관심과 애정이 많이 생기면서 동물 축복을 요청하는 신자들이 늘어났다고 신부님들이 말씀하십니다. 예전에는 인생의 '반려자'(伴侶者), 사전적 의미로는 '짝이 되는 동무'라고 하여 부부가 서로에게 하는 애정 어린 표현이었지만, 이제는 사람보다는 함께 사는 동물들에게 더 많이 사용하게 되었습니다.

여러분의 '인생의 반려자'는 누구인가요? 특히 믿음의 차원에서는 삼위일체 하느님이 아닐까 합니다. 이승뿐만 아니라 저승까지도 함께하는 생명의 반려자는 하느님이시겠지요. 그리스도인들은 모두 그분을 만나러 적어도 주일마다 성당에서 거행하는 미사에 참석하러 옵니다.

그렇다면 세상과 자연이라는 공간과 일상이라는 시간에서는 하느님을 만날 수 없을까요? 물론 언제나 그리고 어디에나 계시는 하느님은 늘 우리를 만나려고 합니다. 그러나 그분의 현존을 보다 더 잘 느끼고 깨달을 수 있는 공간과 시간을 하느님 스스로가 정해 주셨습니다. 인류를 죄와 죽음으로부터 구원하기 위해 스스로 희생양이 되시어 십자가에서 아버지 하느님께 바쳐진 예수님은 "안식일이 지나고 주간 첫날"(마태 28,1)에 부활하여 인류의 참된 주인인 '주님'이 되었습니다. 그래서 그날을 '주님의 날'이라는 "주일"(묵시 1,10)이 되었고, 최후의 만찬 때 제자들에게 하신 예수님의 말씀인 "너희는 나를 기억하여 이를 행하여라"(루카 22,19)에 따라 그분의 제자들은 그분이 부활하신 날에 모여서 그분이 명한 예식을 행하면서 그분의 수난과 죽음, 부활과 승천을 기념하고 그분의 말씀과 행적을 알리며 그분이 명령한 모든 것을 가르쳐 지키도록 인도했습니다(마태 28,20 참조).

안티오키아에서 제자들이 처음으로 "그리스도인"(사도 11,26)이라고 불렸던 것처럼 다른 사람들이 신자들을 '그리스도인'이라고 부를 수 있는 입문 예식, 곧 세례가 있습니다. 성부와 성자와 성령의 이름으로 물과 성령으로 세례를 받아서 아담으로부터 이어진 원죄와 자신이 지은 본죄에서 벗어나고 하느님의 자녀로 새롭게 태어나면서 '세례명'이라는 새 이름을 받습니다. 세례 예식을 통해 마귀를 끊어 버리고 하느님을 굳게 믿겠다고 고백합니다. 교부 시대에서는 마귀를 끊어 버림은 서쪽을 바라보고 하며, 신앙 고백은 동쪽을 바라보며 했는데, 이는 태양이 세상의 빛으로 오신 그리스도를 상징했기 때문입니다. 흰옷은 "그리스도와 하나 되는 세례를 받은 여러분 모두가 그리스도를 새옷으로 입었습니다"(갈라 3,27)라는 사도 바오로의 말씀처럼 그리스도와 하나가 되어 새로운 사람이 됨을 의미합니다. 파스카 초에서 세례 초에 불을 댕겨서 대부모를 통하여 새 세례자에게 전해 주는 것은 어두움에 빛을, 냉기가 위협하는 세상에 온기를 전해 줌을 드러냅니다.

세례를 받은 사람은 미사에 참석하여 영원한 반려자이신 하느님과 만나서 즐겁고 행복한 시간을 보내게 됩니다. 곧 미사는 우리를 기다리고 사랑하며 행복하길 바라는 하느님과 즐겁게 지내는 시간이지요.

## 02
# 믿음의 증거인 십자성호

생텍쥐페리의 『어린 왕자』에서 '길들임'에 대한 이야기가 나옵니다. 사막 여우를 만난 어린 왕자는 함께 놀자고 말합니다. 그러자 여우는 "난 너하고 놀 수 없어. 난 아직 길들여지지 않았거든"이라고 답하지요. 여우는 길들여진다는 것은 "관계가 생긴다는 뜻"이라고 가르쳐 줍니다. 또한 여우는 길들이는 과정에서 참을성이 필요하고, 하루하루 조금씩 가까워지며, 관계가 생긴 친구를 만나기 전부터 행복한 설렘으로 안달하게 된다고 어린 왕자에게 알려 줍니다.

세례를 받은 신앙인은 성부·성자·성령과 관계가 생기며, 길들여지는 과정을 걷게 됩니다. 예술이나 스포츠 등에서 세계적인 명성을 얻게 된 유명인을 동경하고 자신의 롤 모델로 삼으면서 크는 아이들을 '누구 키즈'라고 부릅니다. 신앙은 예수님의 말씀과 행적을 따르는 사람이라는 의미에서 '예수 키즈'라 할 수 있습니다. 그래서 그분이 인류를 구원하기 위해 스스로를 희생 제물로 바친 십자가를 떠올리며 십자성호를 긋습니다. 자유민주주의인 한국에서는 십자성호는 자신의 신앙을 드러내는 자연스러운 동작이지만, 공산주의국가이거나 종교적 박해가 심한 지역에서는 자신의 목숨을 내놓을 수 있는 행위이기도 합니다.

유아 세례에서 부모와 대부모는 세례받는 아이의 이마에 십자표를 해 주며, 하느님의 사람이라는 표식을 해 줍니다. 십자 표시는 이렇게 삼위일체 하느님의 사람이라는 뜻도 되고, 십자가를 통한 예수님의 구원에 동참한다는 의미도 있습니다. 그리고, 악마가 가장 싫어하는 동작이기도 하지요. 구마 예식에서 사용되는 동작과 예식에는 안수, 입김 불기, 성수 뿌림, 그리고 십자 표시가 있으며 「구마 예식 지침」에서 "구마 사제는 모든 축복과 은총의 샘인 주님의 십자가를 마귀에게 시달리는 신자에게 보여준다. 그리고 그를 향하여 악마를 물리치는 그리스도의 권능을 가리키는 십자 표시를 한다"(27항)라고 강조합니다.

베네딕토 16세 교황께서 추기경 시절에 쓰신 『예수 그리스도의 하느님』에서 십자성호를 정성껏 긋는 것의 중요함을 말씀하십니다. "우리가 얼마나 자주 아무 생각 없이 십자성호를 그으면서 삼위일체이신 하느님의 이름을 부르는지요? 그 근본적인 의미에서 십자성호는 언제나 세례를 새롭게 하는 것입니다. (…) 교회는 처음부터 이러한 방식으로 그리스도인 자신에게서 가장 중요하다고 여겨지는 것, 곧 삼위일체이신 하느님에 대한 신앙을 표현하고 있습니다.” 그래서 각 성당 입구에는 성수반이 있어서 신자들은 성수를 찍어 십자 표시를 하면서 “주님, 이 성수로 세례의 은총을 새롭게 하시고 모든 악에서 보호하시어 깨끗한 마음으로 주님께 나아가게 하소서”라고 기도합니다. 코로나19 사태 이후로 성당에 들어오면서 성수로 십자 표시를 하는 좋은 전통이 사라진 것 같아서 안타깝습니다. 하느님의 사람으로 길들여지는 과정의 첫 단계는 십자성호를 잘하는 것이지요. 그래야 관계가 맺어진 것을 확인한 하느님이 여러분을 설레는 마음으로 기다리시지요. “성부와 성자와 성령의 이름으로.”

## 03
# 성당 문을 들어서기 전에 준비해야 할 것은?

제가 어렸을 때 할머니는 금요일이 되면 다리미와 분무기를 준비하시고 주일에 성당에 갈 때 입을 옷을 정성스럽게 다렸습니다. 그리고 꾸깃꾸깃한 500원짜리 종이돈을 피고 그 위에 수건을 덮고 분무기로 물을 흩뿌리고 다렸습니다. 어린 저의 눈에는 꾸깃꾸깃한 종이돈을 펴는 할머니의 모습이 참으로 이상하면서 경이로웠습니다. 할머니는 자신을 주의 깊게 보고 있는 손주를 보시고 "하느님 앞에 가려면 정성껏 준비해야 한다. 몸도 깨끗하게 하고 옷도 단정하게 입고 연보 돈도 미리 잘 준비해야 한단다"라고 말씀하셨지요. 초등학교도 졸업하지 않으신 할머니는 하느님 학교의 모범 학생인 것이 분명합니다. 성당에서 신부님이 하신 말씀들을 잘 기억했다가 그대로 실천하는 하느님 학교의 모범 학생!

여러분은 성당 문을 들어서기 전에 어떤 준비를 하시나요? 먼저, 고해성사를 봐야 하는 중죄를 짓지는 않았는지 성찰부터 해야 하겠지요. 교회는 "중죄(peccatum grave)를 자각하는 이는 먼저 고해성사를 받지 아니하고서는 미사를 거행하지도 주님의 몸을 영하지도 말아야 한다"(교회법 제916조). 여기서 '중죄'를 다른 곳에서는 '대죄'(peccatum mortale)라고도 하는데, 이것을 트렌토 공의회에서는 "모든 대죄는 비록 생각의 죄라 하더라도 사람들을 '진노의 자식들'(에페 2,3)과 하느님의 원수들이 되게 하기 때문에" 열린 마음으로 겸손하게 고백하여 하느님께 용서를 청하라고 합니다.

그렇다면 중죄는 무엇일까요? 저명한 윤리신학자인 칼 H. 페쉬케는 『그리스도교 윤리학: 제1권 기초 도덕신학』에서 "죄스러운 내용이 인간의 실존적 목적과 궁극 목표의 관점에서 볼 때 하느님과 그분의 명예와 존경을 거슬러 심각한 해악을 낳게 할 경우, 국가와 교회와 일반적인 인간 공동체에 심각한 상해를 입힐 경우, 또는 자기 동료들에게 심각하게 현세적이거나 영적인 상해를 입힐 경우에도 중죄가 되는 것"이라고 합니다. 이런 중죄 외에도 하느님 앞에 서기에 마음이 불편하다면 고해성사를 보는 것이 좋습니다.

교회가 요구하는 준비 중에 영성체를 하기 위해서는 공복재(ieiunium Eucharisticum)를 하라고 합니다. 3세기부터 영성체 전 금식에 관한 규정이 제정되었고, 『1917년 교회법전』에 따르면 자정부터 금식하도록 규정되었다가 일선 사목자들의 요청을 받아들인 비오 12세는 1953년 병자나 저녁 미사 참례자를 위한 예외 규정을 두었고, 순수한 물은 허용했습니다. 『1983년 교회법전』 제919조는 "영성체 전 적어도 한 시간 동안은 물과 약 외에는 어떤 식음도 삼가야 한다"라고 공복재 시간을 현실적으로 완화했습니다. 영어의 아침 식사인 'Breakfast'가 자정부터 금식(fast)하던 공복재를 깨는 행위(breaking)에서 유래했다고 합니다.

성사를 받기 위한 적절한 준비로 "신자들은 자신들의 교회가 정한 공복재를 지켜야 한다. 몸가짐(행동, 복장)은 그리스도께서 우리의 손님이 되시는 그 순간에 걸맞은 존경과 정중함과 기쁨을 나타내야 한다"(가톨릭 교회 교리서, 1387항)의 말씀은 하느님 학교의 모범 학생인 할머니를 떠오르게 합니다. 세상의 권력자와 자신이 존경하는 인물을 만나러 갈 때와 예수 그리스도를 만나러 미사에 참여하러 오는 자세와 태도 그리고 마음가짐은 어떻게 다른지 살펴보면 좋겠습니다.

## 04
# 성당 문은 나에게 어떤 의미인가?

'문', 하면 떠오르는 드라마가 있습니다. 2016년에 방영한 드라마 「도깨비」에는 많은 명대사가 있는데 그중에 "너와 함께한 시간 모두 눈부셨다. 날이 좋아서 날이 좋지 않아서 날이 적당해서 모든 날이 좋았다. 그리고 무슨 일이 벌어져도 네 잘못이 아니다"라는 대사가 기억에 오랫동안 남습니다. 이 드라마에서 주인공은 '문'을 통해 완전히 다른 공간으로 이동하는 신기한 모습을 자주 연출했습니다. 그래서 저도 가끔은 '내가 여는 문을 통해 내가 원하는 공간으로 가면 얼마나 좋을까!'라는 환상을 꿈꾸기도 하지요.

문은 열고 닫는 기능을 통해 연결과 분리, 그리고 환영과 거부를 할 수 있습니다. 건물의 용도에 따라, 공간의 활용 방법에 따라 문은 다양하게 설치됩니다. 예를 들면 휠체어를 타는 분들을 위해서 화장실의 문을 여닫이가 아닌 옆으로 밀게 하는 미닫이로 만들어 쉽게 들어가고 나오게 하지요.

성당 문은 '속'(俗)에서 '성'(聖)으로 들어가게 하는 공간이라 할 수 있습니다. 성당 문은 바깥과 안 사이에, 장터와 성역, 세속의 것과 하느님께서 축성한 것 사이에 가로놓여 있습니다. 저명한 신학자인 로마노 과르디니(1885~1968)는 『거룩한 표징』에서 우리가 성당 문을 지나갈 때면 이런 말을 들을 수 있다고 말합니다. "이 안에 속하지 않는 것은 생각, 근심, 걱정, 호기심, 허영할 것 없이 모두 밖에 놓아 두고 들어오시오. 성역에 들어오는 만큼 자신을 정화하시오." 그래서 문을 부산하게 들어가기보다는 침착한 걸음으로 마음을 차분하게 하여 조심스럽게 들어가는 것이 좋습니다.

성당 문을 공식적으로 처음 들어가시는 분은 주교입니다. 주교는 성전 봉헌 예식을 거행하기 전에 하느님 집의 문을 주교 지팡이로 두드리며 "주님께서 말씀하셨습니다. '나는 문이다. 내게 들어오는 이는 구원을 받을 것이다'" 하고 분명한 목소리로 말합니다. 그러고 나서 "성문들아, 머리를 들어라. 오랜 문들아, 일어서라. 영광의 임금님께서 들어가신다"(시편 24,9) 하고 시편 24장을 노래합니다.

성당 문은 사람을 바로 하느님의 신비로 이끌어 줍니다. 하느님의 선하신 뜻의 신비를 실제 사건이 되게 하신 그리스도의 파스카 신비를 기념하고 그것을 재현하는 공간에 들어와서 하느님께 감사와 찬양과 청원을 드리는 사람은 자신도 모르게 거룩함의 길에 들어선 것입니다.

살아 있는 동안에 신앙인은 성당 문을 통해서 들어가 다양한 예수 그리스도의 은총을 성령 안에서 받는 성사 생활을 하다가, "새로운 삶으로 옮아감"(위령 감사송 1)이라는 죽음을 맞이한 후에 시신이 되어 나가는 곳도 성당 문입니다. 곧 성당 문은 생과 사가 드나드는 문이기도 합니다.

우리가 성당 문을 들어서면서, 먼저 열어야 하는 문은 예수님에 대한 우리 마음의 문입니다. "보라, 내가 문 앞에 서서 문을 두드리고 있다. 누구든지 내 목소리를 듣고 문을 열면, 나는 그의 집에 들어가 그와 함께 먹고 그 사람도 나와 함께 먹을 것이다"(묵시 3,20). 우리는 자신의 목소리와 세상의 여러 잡다한 소리로 인하여 예수님의 목소리를 듣지 못하여 그분께 마음의 문을 열지 못하는 경우가 많습니다. 우리 자신이 하느님의 산 거처인 "성령의 성전"(1코린 6,19)이 못 되면 나무와 돌로 쌓은 성당 문을 들어간들 무슨 소용이 있겠습니까? 높고 묵직한 성당 문을 열어본들 우리 안의 문이 안 열려 영광의 임금께서 들어오지 못하시면 무슨 소용이 있겠습니까?

05

## 입당 성가와 입당송은 같은 것인가, 다른 것인가?

'입당' 하면 아무래도 행렬이 자연스럽게 떠오릅니다. 저에게 있어서 가장 인상적인 입당 행렬은 2014년 8월 16일에 광화문 광장에서 거행된 시복식 미사에서 교황님과 추기경단의 행렬입니다. 당시 전례 실무자 중 한 명이었던 저는 미사 시작 10분 전에 미사를 시작하라는 교황청에서 파견된 전례 담당자의 사인을 보고, 시계를 가리키며 "아직 행렬 출발 시간이 안 되었다"라고 하니, "교황님이 준비되었으니 바로 시작하라"는 답변을 받았습니다. 그래서 정한 시간보다 일찍 시복식 미사를 시작하게 되었습니다. 이미 2시간 전에 모두 들어와서 준비하고 있는 신자들을 생각하여 조금이라도 먼저 시작해야 한다고 생각하신 교황님의 사목적 배려가 느껴지는 입당 행렬이었지요.

초기 그리스도 공동체에서는 입당 성가나 입당 행렬을 포함한 시작 예식을 생각할 수 없었습니다. 왜냐하면 가정집에서 주일 모임(사도 2,46 참조)을 해야 했으며, 잦은 박해로 인하여 몰래 모여서 성찬례를 거행해야 했기 때문입니다. 3세기의 문헌인 유스티누스의 『호교론』(제1권 67장 3절)과 아우구스티노의 『신국론』(22장 8절)에 따르면 미사는 집전자의 인사와 독서로 시작했습니다. 그러다가 콘스탄티누스 황제의 밀라노 칙령(313년)을 통해 그리스도교 신앙에 자유가 주어지고, 황제의 배려로 대성당을 짓게 되면서 서서히 박해의 두려움에서 벗어나 격식을 차린 예식을 장엄하게 행하게 되었습니다. 처음에는 비교적 자유로운 형태로 거행되던 시작 예식을 정비하고 고정시킨 것은 16세기 트렌토 공의회 직후의 비오 5세의 『로마 미사 경본』(1570년)부터였는데, 이 『로마 미사 경본』은 오직 사제에 대해서만 언급했습니다. 그러나 제2차 바티칸 공의회 이후의 전례 개혁이 반영된 바오로 6세의 『로마 미사 경본』(1970년)에서 입당에 대한 첫 마디가 "교우들이 모인 다음 사제가 부제와 봉사자들과 함께 들어올 때 입당 노래를 시작한다"(로마 미사 경본 총지침, 47항)로 교회가 교우들의 모임을 우선시하고 있음을 밝히고 있습니다.

그렇다면 입당 성가는 언제 도입되었을까요? 『주교 실록』(*Liber pontificalis*)에 따르면, 입당송은 첼레스티노 1세 교황(423~432)에 의해 도입되었다고 합니다. 더욱 분명한 증거는 5세기 이래 로마의 주교인 교황이 정기적으로 일곱 교회를 돌면서 '순회 미사'를 거행할 때, 라테라노 대성당 옆에 있는 교황궁에서부터 행렬하며 부른 속죄대송과 '기리에' 호칭기도에 그 기원을 두고 있습니다. 이렇게 행렬을 하면서 성가를 부르는 것이 점차 정착

되고, 주교와 사제의 집전 미사에도 적용되어 결국 모든 미사의 기본 절차가 되었습니다.

입당 성가는 본래 입당 행렬에 맞추어 시작하고 마치는 것이지만, 요즈음처럼 입당 행렬의 시간이 짧은 경우에는 "함께 모인 이들의 일치를 굳게 하며, 전례 시기와 축제의 신비로 그들의 마음을 이끌고, 그들을 사제와 봉사자들의 행렬에 참여시키는 목적"(로마 미사 경본 총지침, 47항)을 고려하여 입당 성가를 2절까지 하는 것도 좋으리라 생각합니다.

입당 성가를 부르지 않으면 입당송을 해설자의 인도로 신자들이 함께하거나 사제가 직접 낭송합니다(로마 미사 경본 총지침, 48항 참조). 입당 행렬에 동반하는 입당 성가 또는 입당송은 미사에 참석한 모든 이가 하느님을 향해 나아가는 행렬에 동참하고 있음을 깨닫게 합니다.

## 06
# 주님의 현존을 청하는 인사

심리학자 메라비언(Albet Mehrabian)에 따르면 상대방과 이야기할 때 시각이 55%, 청각이 38%의 영향을 미친다고 하며, 정작 전달하고 싶은 말의 내용은 고작 7%라고 합니다. 더 중요한 것은 이 시각과 청각의 비언어적 표현을 읽어 내는 시간은 0.1초에 불과하다는 것입니다. 입술을 통해 말하기 전에 그 사람의 표정과 목소리, 자세와 태도 등으로 대부분 이미 전달된다는 것이지요. 말보다는 동작과 자세와 태도를 더 중요하게 여기는 소통 방식은 이미 미사에 스며들어 있다고 생각합니다.

미사 거행을 위해 입당한 사제는 제대 인사, 십자성호, 그리고 신자들과 인사를 나눕니다. 미사에 주님께서 함께 계심을 그리스도를 상징하는 제대, 삼위일체 하느님에 대한 신앙 고백의 동작, 그분의 현존을 청하는 인사말을 통하여 참된 희생 제사인 미사가 바로 삼위일체 하느님을 기억하고 찬양하는 잔치라는 사실을, 교회 공동체는 영혼 가득한 방식으로 드러냅니다.

입당 성가와 함께 복사들과 행렬을 지어 제단 앞에 온 사제는 참된 사제이며 제물이신 그리스도를 상징하는 제대에 인사를 한 후, 제단에 오르고 주님께 대한 공경과 사랑의 표시로 제대에 입을 맞춥니다. 이 관습은 4세기 말경에 이방 종교의 영향을 받아 도입되었습니다. 한국에서는 큰 절로 대신하지요.

입당 성가가 끝나면 사제와 교우들은 십자성호를 그으면서 "성부와 성자와 성령의 이름으로, 아멘"을 합니다. 십자성호는 14세기에 사제가 제대 앞 층계에서 복사들과 함께 바치는, 이른바 '층하경'을 시작하는 기도로 미사에 도입되었습니다. 2세기경 교회 예식에 들어온 십자성호는 입교 예식에서 주례자가 예비신자의 이마에 작은 십자가를 표시해 주는 방식이었습니다. 현재와 같은 큰 십자성호는 5세기경에 나타났지만 널리 보급된 것은 13세기부터입니다.

현재의 미사 통상문은 세 가지 인사 양식을 제시합니다. 첫째 양식은 2코린 13장 13절에서 사도 바오로가 사용한 인사입니다. "주 예수 그리스도의 은총과 하느님의 사랑과 성령의 친교가 여러분 모두와 함께하기를 빕니다." 둘째 양식은 사도 바오로가 편지 서두에 자주 사용한 전례적 인사에서 유래했지요. "하느님 우리 아버지와 주 예수 그리스도에게서 은총과 평화가 여러분에게 내리기를 빕니다"(로마 1,7; 1코린 1,3; 2코린 1,2; 갈라 1,3 등). 셋째 양식인 "주님께서 여러분과 함께"는 신약과 구약에서 자주 나오는 인사이며(판관 6,12; 룻기 2,4 이하; 1열왕 17,37; 루카 1,28; 2테살 3,16), 미사에 도입된 시기가 3세기 이전이라는 사실을 3세기에 기록된 히폴리투스의 『사도 전승』 4장과 25장에서 밝혀 줍니다.

이러한 사제의 인사에 교우들은 "또한 사제의 영과 함께"(Et cum spiritu tuo)라고 답하지요. 2017년 이전의 미사 통상문에서는 '영'(spiritus)이 없는 "또한 사제와 함께"라고 했었습니다. 그러나 초기 교회의 전통과 교부들에 의한 연구가 발전하면서, '영'이 사제 개인의 '영혼'이 아니라 서품식 때 받은 성령과 그 성령께서 주시는 직무 수행의 은사를 가리키는 것임을 확인하고 교황청에서 '영'을 꼭 넣어야 한다고 강하게 권고했습니다.

미사를 시작하면서 성호를 긋고 사제와 인사를 나누면서, 습관적인 태도가 아닌 '마음과 정성을 다하여'(예레 32,41), 곧 '진심'이 담긴 태도와 자세, 그리고 목소리는 미사에 현존하는 하느님을 만나는 체험으로 이끌어 줍니다.

## 07
# 복된 죄로 인하여 하느님의 사랑을 체험하는 참회

세계에서 꼭 가 봐야 하는 명소 중 하나에 이탈리아의 '베네치아'가 있습니다. 바다의 도시로 유명한 베네치아의 카니발인 '가면 축제' 때, 세계 각지에서 이 축제를 즐기려고 많은 관광객이 몰립니다. 이 축제는 1월 말에 시작해서 재의 수요일 전, 화요일에 끝납니다. 카니발(Carnival)이란 단어는 종교적 배경, 곧 사순 시기에 부활을 준비하기 위해 단식과 금육을 강조하는 그리스도교 전통이 연관되어 있습니다. 'Carnival'은 라틴어 'Carnevale'에서 유래했으며, 이 단어는 '고기'(carne)를 '치우다'(levare) 또는 '안녕'(vale)에서 유래했다고 합니다. 곧, 카니발은 '고기를 치우다' 또는 '고기여, 안녕!'이라는 의미이지요. 사순 시기를 맞이하기 위한 축제를 열심히 지내며 고기를 먹다가 막상 사순 시기가 되면 왜 그런 축제를 했는지 모르는 것이 현실입니다. 그러나 여기 파스카 축제를 위해 모인 교회 공동체는 축제의 기쁨보다는 먼저 참회의 성찰로 이끕니다.

미사의 시작 예식에서 사제는 교우들과 하느님의 현존을 청하는 인사를 하고 참회하도록 권고합니다. 참회를 할 수 있도록 짧은 침묵 시간을 가진 뒤 공동체 전체가 고백 기도를 바친 다음, 사제가 하는 사죄경으로 끝납니다. 참회의 기원은 1세기 말경에 기록된 『디다케』(14,1)에서 성찬례에 참여하는 교우들은 먼저 서로 죄를 고백한 다음 깨끗한 제사를 바치라고 권고합니다. 1000년경까지는 일반적으로 예물 준비 전과 영성체 전에 모든 이가 공동으로 죄를 고백하곤 했습니다. 그러나 1570년의 『로마 미사 경본』이 나온 후로는 입당 행렬 후에 오직 사제와 봉사자만이 제대 앞의 계단 밑에서 시편, 공동 고백, 사죄로 구성된 참회를 했습니다. 제2차 바티칸 공의회의 미사 전례 개정위원회에서 참회의 위치에 대해서 논의한 결과 현재의 위치로 정했습니다.

아우구스티노 성인은 『고백록』에서 '고백하다'라는 말이 두 가지 뜻을 갖고 있다고 말합니다. '나의 죄를 고백하다'는 뜻과 동시에 '찬미하다'는 뜻이 있다는 거지요. "나의 한계와 약함 때문에 내가 하느님을 떠나 있었습니다. 스스로를 구원해 보려고 애쓰면서 죄 속에 빠져 있었습니다"라고 고백하는 것은 "나의 이러한 한계와 약함, 죄에도 불구하고 하느님께서는 나를 지탱해 주시고 인내해 주시고 돌보아 주셨습니다"라고 그분을 찬미하는 일이 된다는 이야기입니다. 그래서 나의 죄를 고백하는 일은 자비로우신 하느님을 알아 뵙고 찬미하는 일이 되는 거지요.

파스카 찬송에서 "오 복된 탓이여, 너로 하여 위대한 구세주를 알게 되었도다!"라고 노래합니다. 죄의 체험을 통해 우리가 하느님을 만날 수 있으며, 그 죄의 자리가 우리가 하느님께 돌아갈 수 있는 자리라는 사실을 알려 주는 찬가이지요. 물론 죄가 복되다고 계속 죄 속에 있으라는 것이 아니라 회개하여 그분께 방향을 돌리는 전환이 있어야 하지요.

참회를 마무리하며 사제는 "전능하신 하느님, 저희에게 자비를 베푸시어 죄를 용서하시고 영원한 생명으로 이끌어 주소서"라고 사죄를 청합니다. 고해성사와 같은 사죄 효과가 있는 것은 아니지만 공동체의 참회 전례이기에 신학적·전례적 사죄 효력을 지니는 것은 분명합니다.

## 08
# 모든 것을 정화하고 세례의 은총을 청하는 성수 예식

물은 동전의 앞뒷면처럼, 모든 생명의 원천이면서 동시에 모든 것을 파괴하는 힘을 지니고 있다. 예수님은 우물가에서 사마리아 여인을 만나 여인에게는 우물의 물을 달라고 청하면서, 당신이 줄 물에 관해 이야기합니다. "내가 주는 물을 마시는 사람은 영원히 목마르지 않을 것이다. 내가 주는 물은 그 사람 안에서 물이 솟는 샘이 되어 영원한 생명을 누리게 할 것이다"(요한 4, 14). 절대 마르지 않는 샘은 무엇일까? 하느님의 사랑이라는 샘이리라.

물은 또한 정화와 쇄신의 힘도 있습니다. 특히 세례의 물은 우리에게 과거의 잘못을 씻어 주고 새사람, 곧 하느님의 자녀로 새롭게 태어나게 합니다. 안셀름 그륀은 『세례성사 — 생명의 축제』에서 세례수의 정화 특성을 이렇게 말합니다. "세례수는 아이 안에 나타나는 둘도 없는 하느님 모상을 흐리게 하는 모든 것을 정화하고자 한다."

교회는 자연적이고 우주적인 물의 기본적인 특성을 성서적 배경과 함께 전례에 도입했습니다. 그것이 바로 성수 예식입니다. 물을 축복하여 가정에서 사용하는 관습은 이미 5세기경부터 전해 내려왔습니다. 프랑스를 비롯한 서북 유럽에서는 중세 초기 이래 수도원이나 묘지 등에서 물을 축복하고 행렬하면서 성수를 뿌리는 관습이 있었습니다. 그러다가 교황 레오 4세(847~855) 이래 성수 예식은 주일 미사 전 예식으로 자리를 잡게 되었습니다. 교황 비오 5세는 이 예식을 『로마 미사 경본』(1570년)에 수록하여 주일 낮미사 전 예식으로 고정시켰습니다. 제2차 바티칸 공의회의 전례 개혁 이후에는 참회 예식에서 성수 예식을 선택할 수 있도록 했습니다. 『로마 미사 경본 총지침』에서는 "주일, 특히 부활 시기의 주일에는 통상적인 참회 예식 대신에 경우에 따라 세례를 기념하는 성수 예식을 할 수 있다"(51항)라고 하며, 부활 때 받은 세례를 상기시키며, 본래의 하느님의 모상을 흐리게 하는 것을 정화하여, 주님의 파스카 신비를 기념하는 미사에 흠 없이 참여할 수 있도록 돕고 있습니다.

성수에 지역의 문화와 풍속에 따라 소금을 넣을 수 있습니다. 소금을 넣을 때는 예언자 엘리사 이야기를 상기시키고(2열왕 2,19~22) 소금이 갖는 정화적인 상징성을 확인시키는 축복을 합니다. 성수의 본질적인 요소는 물과 축복 기도이기에 꼭 소금을 넣을 필요는 없습니다. 성수 축복 이후에 사제가 성수를 뿌릴 때 교우들은 고개를 숙여 십자성호를 긋고, 성가를 부릅니다. 일반적으로 부활 시기가 아닌 때에는 'Asperges me'('우슬초로 정화수를 뿌리소서' 시편 51,7)라고 하여, 에제 36,25~26과 1베드 1,3~5로 구성된 찬미가를 부릅니다. 반면에 부활 시기에는 전통적으로 'Vidi aquam'('성전 오른쪽에서 흘러나오는 물을 보았네' 에제 47,1~2.9)과 스바 3,8과 다니 3,77.79 그리고 1베드 2,9에서 취한 찬미가를 부릅니다.

미사의 참회 예식으로서 성수 예식은 '세례-파스카-참회'의 관계를 탁월하게 드러내 주지요. 세례를 통해 파스카 신비에 참여하게 된 그리스도인들이 다시 하느님의 자녀로서의 모상을 되찾도록 정화시켜 주는 성수 예식은 미사에 제대로 그리고 흠 없이 참여할 수 있도록 이끌어 줍니다. "주님이 말씀하신다. 정결한 물을 뿌려 모든 부정에서 너희를 정결하게 하고 너희에게 새 마음을 주리라"(성수 예식, 부활 시기 아닌 때, 따름 노래 2).

## 09
# 하늘에서의 찬양이 땅에서도 울리는 대영광송

여러분도 잘 아는 "천 년도 당신 눈에는 지나간 어제 같고"로 시작하는 「가톨릭 성가」 423번은 "천 년도 당신 눈에는 지나간 어제 같고 야경의 한때와도 같습니다"(시편 90,4; 2베드 3,8 참조)를 기본으로 했습니다. 이와 연관된 재미있는 이야기가 있습니다.

어떤 젊은이가 이 성가의 구절을 곰곰이 묵상하다가 번뜩 떠오르는 것이 있어서 하느님께 이렇게 청했습니다. "하느님, 하느님 당신 눈에는 천 년도 지나간 어제 같다고 하셨습니다. 그러니 저에게 당신 눈에 만 원을 저에게 주십시오." (하느님의 하루가 사람에게 천 년이면, 하느님의 만 원은 사람에게 얼마일까요?) 그러자 조금 후에 하느님께서 응답하셨지요. "그래, 내가 주마, 그러나 하루만 기다리렴."

자신의 이익과 영광을 위해 하느님께 기도하는 사람들이 많을 것입니다. 그러나 자신이 아닌 하느님께 영광을 드리고 그것을 위해 살아갈 때 하느님은 우리를 영광스럽게 해 주시리라는 것을 예수 그리스도를 통해 교회는 이미 알고 있었습니다. 그래서 성령 안에 모인 교회는 오래전부터 대영광송을 통해 하느님 아버지와 어린양께 찬양과 간청을 드렸습니다. 동방에서 전래한 이 찬미가의 저자나 작사 연대는 전혀 알려지지 않고 있습니다. 동방에서는 이 찬미가를 성무일도의 아침기도 중에 불렀습니다. 서방 교회에는 4세기에 흘러들어와서, 4세기 중엽에 교황 집전 성탄 미사에서만 사용되었습니다. 7세기의 『그레고리오 성사집』에 따르면 사제 집전 미사에는 오직 부활 주일에만 허용했다가 얼마 안 있어 새 사제의 첫 미사에도 부르게 했습니다. 현재처럼 주일과 축일 미사에까지 확대된 것은 11세기 말경입니다.

대영광송은 시편, 성서 찬가 등을 닮은 전형적인 찬미가입니다. 서언인 천사의 노래, 본론인 하느님 찬양과 그리스도 찬양, 마지막은 영광송으로 구성되어 있습니다. 목동들에게 구세주의 탄생을 알리는 '천사의 노래'(루카 2,14)는 앞부분과 뒷부분이 서로 병행, 곧 하늘과 땅, 하느님과 사람, 영광과 평화로 짝을 이루면서 하느님의 영광과 사람들의 평화를 강조합니다. 본론의 첫 부분인 하느님 찬양은 '기리나이다' '찬미하나이다' '흠숭하나이다' '찬양하나이다' '감사하나이다'라는 여러 동사들을 통해 하느님을 찬양하는 마음을 다양하게 표현합니다. 본론의 두 번째 부분인 그리스도 찬양은 그리스도에 대한 '외아들 주 예수 그리스도님' '주 하느님, 성부의 아드님' '하느님의 어린양'이라는 호칭들을 통해 그분의 본질과 신분을 장엄하게 밝혀 줍니다. 이어서 그분께 용서와 구원을 청하는 세 번의 간청 기도로 이어집니다. 다음으로 '홀로'로 시작되는 세 번의 찬양은 예수님께서 세상의 어떤 신이나 권력자와 비길 수 없는 유일하고 절대적인 분임을 강조합니다. 유다인들은 시편을 읊고 나서 그 끝에 영광송을 바쳤고, 이를 본받아 초기 교회도 주요 기도나 찬미가를 영광송으로 끝맺곤 했습니다(필립 2,6~11 참조).

자신의 영광을 더 우선시하며 살기가 더 쉬운 세상입니다. 그러나 대영광송은 삼위일체 하느님께 영광을 드리도록 인도합니다. 이런 대영광송의 의미를 예수회의 삶의 모토인 "하느님께 더 큰 영광을 위하여"(*Ad Majorem Dei Gloriam*)가 잘 밝혀 주고 있다고 생각합니다.

## 10
# 본기도인가, 모음 기도인가?!

"사람이 죽음을 맞이할 때면, 그의 손이 열린다고 합니다. 이는 죽음으로 완성되는 자기 포기를 감동적으로 표현하는 자세입니다"라고 에곤 카펠라리 주교는 『전례와 일상의 거룩한 표징』에서 말합니다. 처음으로 로마의 카타콤바를 방문했을 때, 가장 인상적인 벽화 중 하나가 '오란스'(Orans), 곧 손을 벌리고 하늘을 바라보고 기도하는 사람입니다. '그 옛날 그리스도인들은 죽은 이가 하느님을 향해 항상 팔을 벌려 기도하고 있던 사람이라는 것을 표현하려고 노력했구나'라는 생각을 했습니다. 그러면서 미사를 드릴 때면, 주례 사제가 담당하는 기도를 할 때면, 팔을 벌리고 공동체의 모든 마음과 정성을 모아 바치는 모습이 떠올랐습니다.

'본기도'(Oratio)와 '모음 기도'(Collecta)라는 용어가 함께 사용되는 주례자 기도입니다. 로마 전례에서 이 기도를 5세기 이래

줄곧 단순히 “기도”(Oratio)라고 불렀습니다. “모음 기도”(Collecta)는 옛 갈리아 전례에서 유래한 것으로 사제가 모든 교우들의 기도를 모아서 바친다는 의미와 시작 예식 중에 바친 모든 기도를 종합하고 마무리 짓는다는 의미이지요.

본기도는 기도 권고, 침묵, 기도, 아멘의 차례로 진행됩니다. 이 기도는 “기도합시다”라는 초대로 시작되며, 소리를 내어 기도하는 사제뿐만 아니라 함께 참여하는 모든 이들의 기도입니다. 그래서 본기도 안에서 종종 “당신의 백성” “당신의 가족” “당신의 교회”라고 하며 신자 공동체를 지칭합니다. 그리고 사제는 잠깐 침묵하는 가운데, 자신이 하느님 앞에 있음을 깨닫고 간청하는 내용을 마음속으로 생각하며, 교우들에게 하느님의 현존을 생각하고 개별적으로 기도할 여유를 주어야 합니다. 침묵이 끝나면 사제는 팔을 벌리고 기도를 바칩니다. 중세 중엽까지는 사제와 교우들이 모두 동쪽을 향해 양팔을 올리고 기도했습니다. 본기도의 내용은 대체로 전례 시기, 축일, 거행하는 미사 등의 특성을 반영합니다. 기도의 전반부는 축일이 기념하는 하느님의 본질이나 구원 업적 등을 묘사하며, 후반부는 그에 상응하는 은총을 청합니다. 연중 주일의 경우 일반적인 진리나 구원 신비를 제시합니다. 맺음말은 교회의 오랜 전통에 따라 삼위일체, 곧 하느님 아버지께 그리스도를 통하여 성령 안에서 바친다는 사실을 나타냅니다. 기도가 끝나면 교우들은 “아멘” 하고 환호하여, 이 기도를 자신의 기도로 삼습니다.

이 기도를 바칠 때 사제가 유의해야 하는 것은 본기도가 비록 짧지만 미사 전체의 방향성을 드러내는 것이기에 경건하고 명확하며 천천히 바쳐서 모든 교우가 마음으로 함께 바쳐서 참으로 공동체 전체의 기도가 되게 해야 합니다. 또한 교회 공동체의 이름으로 바치는 기도이기에 함부로 다른 내용을 삽입하거나 수정해서는 안 됩니다.

본기도를 하면서 사제는 팔을 벌리고 입술로 기도하지만, 교우들은 손을 모으고 마음으로 기도합니다. 전례 시기와 축일에 맞게 구성된 기도문은 항상 같은 분이시지만 때와 필요에 따라 다른 목소리와 모습으로 우리에게 다가오는 하느님을 깨닫도록 이끌어 줍니다. 그리고 이 기도는 혼자가 아닌 "한마음 한뜻"(사도 4,32)인 교회 공동체가 함께 예수 그리스도를 통하여 성령 안에서 아버지 하느님께 바치는 찬미입니다.

## 11
# 말씀 전례는 하느님과 우리의 대화

서로가 말하고 듣고 하는 대화를 통해 우리가 원하는 것은 아무래도 '공감'(共感)이지 않을까 합니다. 사람과 사람의 공감이라는 관점에 가장 인상적인 사건은 제1차 세계 대전이 한창이던 1914년 크리스마스이브에 플랑드르의 전장에서 있었습니다. 독일군 병사들이 위문용으로 보내온 작은 크리스마스트리 수천 개에 촛불을 켜고 캐럴을 부르기 시작하자 얼마 후에 영국군들도 캐럴을 함께 부르고 박수도 치면서 화답하면서 전장은 적이 아닌 대화의 상대자로 서로를 인정하는 자리가 되었습니다. 이 사건은 2005년 「메리 크리스마스」라는 영화로 재조명됩니다. 동료 인간과의 유대감에 대한 갈망에서 서로를 위로할 수 있는 공감의 힘이 얼마나 큰지를 드러낸 사건으로 기억됩니다.

교회는 이러한 공감을 위한 구조를 전례에 반영했습니다. 특히 미사에서 하느님과의 소통과 공감을 위해 대화와 식사라는 두 구조, 곧 말씀 전례와 성찬 전례를 거행합니다. 그래서 『로마 미사 경본 총지침』에서 "미사는 말씀 전례와 성찬 전례 두 부분으로 이루어진다. 이 두 부분은 서로 밀접히 결합되어 오직 하나의 예배 행위를 이룬다"(28항)라고 합니다.

여기에서 말씀 전례는 하느님과 당신 백성의 대화 구조로 이루어져 있습니다. 말씀을 먼저 시작하시는 분은 하느님이십니다. "교회 안에서 성경이 봉독될 때에는 하느님께서 당신 백성에게 말씀하시며, 말씀 안에 현존하시는 그리스도께서 복음을 선포"(로마 미사 경본 총지침, 29항)하십니다. 이때는 참석한 모든 이가 공경하는 마음으로 들어야 합니다. 그렇다면 참석한 이들은 듣기만 하는가? 아닙니다. 하느님 백성은 하느님 말씀을 경청하고 응답합니다. 말씀 전례에서 '선포'된 하느님 말씀은 제1독서, 화답송 본문, 제2독서, 알렐루야 본문, 복음, 강론입니다. 반면에 '응답'에 속하는 것은 각 독서 후 '아멘', 화답송의 후렴, 알렐루야의 후렴, 강론 안에 나타날 수 있는 독서 내용에 대한 반향들, 신앙고백, 보편 지향 기도입니다.

"하느님의 말씀은 교회에서는 버팀과 활력이 되고, 교회의 자녀들에게는 신앙의 힘, 영혼의 양식 그리고 영성 생활의 순수하고도 영구적인 원천이 되는 힘과 능력"(계시 헌장, 21항)입니다. 이렇게 되기 위해서는 '성령의 활동'이 꼭 필요합니다. "귀에 들려온 하느님 말씀이 참으로 마음속까지 움직이게 하려면 성령께서 활동하셔야 합니다. 성령의 영감과 도움으로 하느님 말씀이 전례 행위의 토대가 되고, 온 삶을 받쳐 주는 규범이 됩니다"(미사 독서 목록 지침, 제9항). 귀로 듣고 입으로 응답하며, 마음에 새기고 몸이 움직이는 데 있어서 보이지 않는 성령의 활동이 있어야 합니다.

매 미사의 말씀 전례에서 하느님 말씀을 들으면서 왜 우리는 그만큼 변화되지 못할까요? 예수님께서는 씨 뿌리는 사람의 비유(마태 13,1~9; 마르 4,1~9; 루카 8,4~8)에서 하느님 말씀을 듣는 데 있어서 여러 가지 잘못된 태도에 대해 경고하셨습니다. 또한 성서 주석가인 아돌프 줄리허는 잘못된 청취 형태를 인간 마음의 세 가지 잘못된 태도, 곧 둔감하거나 경솔, 그리고 세속적 물욕에 기인한다고 말합니다. 말씀 전례에서 하느님 말씀은 과거의 사건을 상기시키는 것을 넘어서 '지금 여기'에서 선포되는 기쁜 소식임을 모든 이가 깨닫고 다음과 같이 고백하면 좋겠습니다. "당신 말씀은 제 발에 등불, 저의 길에 빛입니다"(시편 119,105).

# 12
# 전례 개혁에 따른 미사 독서

"믿음은 들음에서 오고 들음은 그리스도의 말씀으로 이루어집니다"(로마 10,17). '믿음'과 '들음' 그리고 '그리스도의 말씀'은 서로 연결된 삼각형 같은 구조를 연상시킵니다. '믿음'은 무엇을, 누구를 믿느냐는 질문을 동반하고, '들음'은 무엇에 대해, 누구에게서 듣느냐 하는 질문을 동반합니다. 그 결정적인 열쇠 역할은 '그리스도에 대한 말씀'과 '그리스도께서 하신 말씀'이 되겠지요. '그리스도에 대한 말씀'은 하느님의 구원을 이룰 메시아에 대해 꾸준히 이야기했던 구약과 나자렛 예수님이 참된 구원자인 그리스도임을 설명하는 신약의 사도서들입니다. 그리고 '그리스께서 하신 말씀'은 그분의 말씀과 행적을 적은 네 복음서지요.

제2차 바티칸 공의회는 '말씀'의 중요성을 드러내기 위해, 1년 주기에 2독서(독서와 복음)로 구성되어 있던 예전의 '미사 독서'

배열을 전례 개혁을 통하여 재구성합니다. 현재의 주일과 축일의 독서 목록의 세 가지 특징은 1) 세 독서(구약, 사도서, 복음), 2) 3년 주기(가나다 해), 3) 두 가지 원칙입니다. 여기서 두 가지 원칙은 전례 시기를 고려하고 독서들 사이의 주제의 일관성을 고려한 '주제의 조화'와 시작한 서간서나 복음서를 계속해서 읽어 나가지만 필요성이 적다고 여겨지는 부분은 빼는 '준연속 독서'를 말합니다. 평일 독서 목록의 네 가지 특징은 1) 두 개의 독서(구약이나 사도서, 복음), 2) 사순 시기는 세례와 회개를 주제로 한 해 주기로 배정, 3) 대림 성탄 부활 시기의 평일에 한 해 주기로 배정, 4) 연중 시기 평일에는 복음은 한 해 주기, 독서는 2년 주기(홀수, 짝수)로 배정되어 있습니다.

현재의 『미사 독서』는 4권으로, 1권은 대림, 성탄, 연중(제1주간~제9주간 화요일까지), 사순, 부활, 2권은 성령 강림 대축일 후 연중 시기(제6주일~제34주간), 3권은 성인 고유와 성인 공통, 4권은 예식, 기원, 신심, 죽은 이를 위한 미사의 독서들로 구성되어 있습니다. 그리고 『복음집』이 한국에서는 처음으로 2017년 공식 출판되었습니다. 『복음집』은 '구원의 경륜에서 차지하는 그리스도의 중심성'에 근거하여 가장 큰 경의를 표현합니다. 입맞춤(한국천주교회에서는 고개를 숙여 경건하게 절함)과 분향, 높이 들어 올림 또는 촛불과 향로를 든 행렬을 합니다. 주교가 집전한 미사에서는 『복음집』으로 강복을 할 수 있으며, 주교는 부제 서품식에서 『복음집』을 부제에게 수여하고, 주교 서품식에서 후보자의 머리 위에 『복음집』을 펼쳐 얹습니다.

교회는 "미사 거행에서 성경 독서와 성경에서 따온 노래들은 생략하거나 줄여서는 안 되며, 어떤 사유로든 결코 성경이 아닌 다른 독서로 대치해서는 안 된다"(미사 독서 목록 지침, 12항)라고 강조합니다. 기록되어 전해지는 하느님 말씀으로 지금도 하느님께서 당신 백성에게 말씀하시며, 하느님 백성은 성경을 끊임없이 읽음으로써 믿음의 빛을 받아 성령의 활동에 순응하고, 자신의 삶과 행동으로 세상에 그리스도를 증언할 수 있습니다.

하느님께서 당신 말씀을 건네실 때는 언제나 응답을 기대하십니다. 그 응답은 들음이며, "영과 진리 안에서"(요한 4,23) 드리는 예배입니다. 성령께서는 그 응답을 유효하게 하시어, 말씀을 듣기만 하지 말고 말씀을 실행하는 사람이 되라는 권고대로(야고 1,22 참조), 전례 행위에서 들은 것을 삶에서도 실천하게 하십니다. 귀로 듣고 입으로 고백하며 마음에 새기어 손과 발로 행동하는 신앙인이길 오늘도 기원합니다.

## 13
# 독서대와 독서자

명동성당에 80년대 초까지 한국에서는 유일한 '강론대'(pulpitum)가 제대를 바라보며 오른쪽 세 번째 기둥에 있었습니다. 현대적 음향 시설이 없던 시절에는 회중석 중간에 이런 '강론대'를 만들어 그곳에서 행해지는 복음과 강론과 특별한 설교를, 참석한 신자들이 잘 들을 수 있도록 했지요. 로마의 트라스테베레에 있는 성모 마리아 성당(Basilica di Santa Maria in Trastevere)은 '설교대'에 마이크를 설치하여 여전히 복음 선포를 위하여 사용하여 전통과 발전의 조화를 엿볼 수 있습니다.

미사의 말씀 전례는 독서대에서 주로 이루어집니다. 『로마 미사 경본 총지침』은 "독서대에서는 오로지 독서들, 화답송, 파스카 찬송을 한다. 그러나 강론과 보편 지향 기도도 할 수 있다"(309항)라고 합니다. 화답송의 경우 "시편 담당자 또는 독서자가 시편 구절을 바치고, 일반적으로 교우들은 후렴을"(129항) 바칩니다. 한국 성당에서는 대개 해설자와 성가대가 이 역할을 하고 있습니다.

각 본당에 가면 독서자가 독서를 하러 독서대에 가면서 인사하는 곳은 대개 세 곳으로 정리할 수 있습니다. 첫 번째는 제대입니다. "십자가의 희생 제사가 성사적 표지로 재현되는 곳이며, 미사에 모인 하느님 백성이 다 함께 참여하는 주님의 식탁"(296항)인 제대는 성찬례로 이루어지는 감사 행위의 중심이기 때문입니다. 두 번째는 집전자입니다. "그리스도께서는 집전자의 인격 안에"(27항) 현존하시며, 이를 통하여 집전 사제는 "그리스도를 대신하여 회중을"(30항) 이끌어 거룩한 백성 전체와 모든 참석자의 이름으로 하느님께 기도를 바칩니다. 세 번째는 독서집이지요. 하느님 말씀을 전례주년에 따라 배분한 독서집을 하느님 말씀을 대하듯 인사를 합니다.

이렇게 인사하는 곳이 각기 다른 이유는 현재의 전례 규정에 독서자가 인사해야 하는 곳에 대한 지침이 없기 때문입니다. 각 교구에서 이에 대한 지침을 마련하여야 합니다. 이에 대한 기준이 될 수 있는 것은 사제가 미사를 드리기 위해 입당하여 제단 아래에서 제대를 향하여 인사하는 것입니다. 미사를 마치고 퇴장할 때도 마찬가지입니다. 그래서 독서자도 독서를 하기 위해 제단 위의 독서대로 오르기 전과 후에 제대에 인사하는 것을 제안합니다.

부활 시기에 명동성당을 가 보면 파스카 촛대가 독서대 옆에 있는 것을 볼 수 있습니다. 이는 『성주간·파스카 성삼일』 예식서에 "부제는 독서대 옆이나 제단 안에 마련된 큰 촛대에 파스카 초를 놓는다"(195쪽)는 지침에 의한 것이며, 파스카 촛대를 파스카 선포의 장소인 독서대 옆에 두는 오랜 교회의 전통을 강조한 배치입니다. "용약하여라, 하늘 나라 천사들 무리" 하며 시작하는 파스카 찬송이 부제나 사제의 입을 통하여 독서대에서 울려 퍼지고 그 옆에 어둠을 이겨 세상의 빛으로 어둠을 밝히려 오신 그리스도를 상징하는 파스카 초의 촛불이 타오르는 것은 참으로 아름다운 찬미의 시간입니다.

성당에서 하느님 말씀을 선포하는 공간인 독서대는 이미 구약의 느헤미야서에서 미리 보여졌습니다. 바빌론 유배를 마치고 돌아온 이스라엘 민족은 '물 문' 앞 광장에 모여, 율법 학자 에즈라가 "나무 단 위에"(느헤 8,4) 서서 낭독하는 율법서의 말씀을 들었습니다. 지금은 그리스도인들이 그리스도의 파스카 신비를 통해 인류를 구원하신 하느님의 놀라운 사건이 선포되는 독서대를 향해 집중하여 바라보고 귀를 기울이고 있지요.

# 14
# 우리의 응답을 기다리시는 하나님! 화답송

여러분은 언제 처음으로 부모님에게 “아버지, 어머니 사랑해요”라고 했나요? 저의 경우에, “아버지, 사랑해요!”를 처음 사용한 것은 군대에서 부모님께 드리는 편지에서입니다. 대한민국의 남자라면 대부분 가는 군대에서 힘든 훈련을 받으면서, ‘아버지도 이런 힘든 훈련 과정을 거치셨겠구나!’라는 생각을 했습니다. 그리고 동병상련의 마음에서, 그동안 저에게 베푸신 아버지의 사랑에 대해 감사함이 흘러나왔던 것이지요.

사람의 관계는 서로 주고받으면서 형성되고 더욱 굳건해집니다. 하느님과 우리의 관계도 그렇습니다. 하느님과 교회 공동체 사이의 대화 구조로 이루어져 있는 말씀 전례에서 ‘화답송’은 그 말 그대로 하느님이 먼저 우리에게 베푸신 사랑과 그에 따른 구원의 사건에 감사와 찬미를 드리는 응답의 노래입니다.

이 화답송은 말씀 전례에서 빼놓을 수 없는 부분이며, 전례에서뿐 아니라 사목에서도 매우 중요합니다. 그리고 화답송은 하느님 말씀에 대한 묵상을 도와주기도 합니다. 사목자는 화답송에서 바치는 시편의 내용을 연구하여 교우들이 이해할 수 있도록 가르쳐 주어야 할 의무가 있습니다.

소위 '화답 시편'(Psalmus respoonsarius)은 고대 유다인들이 회당 예배 중에 성경을 봉독하기 전이나 후에 시편을 읊던 관습에서 영향을 받은 것으로 추정합니다. 그리고 교회 안에서도 4세기경에는 대부분의 지역에서 독서 후에 시편이나 창작 성가를 부르는 것이 일반화되었답니다. 그런데 4세기 이후에 교리적 이유로 대부분의 창작 성가가 폐지됨에 따라 시편은 교회의 공식 성가로 굳어졌습니다. 아우구스티노의 저서나 대 레오 교황의 강론에서 화답 시편으로 불렀던 구절들에 대한 언급이 있습니다.

초기 화답송은 독서대에서 불렀는데, 7세기경부터 서방 전례의 중심이 로마에서 프랑크 지역(현재의 프랑스와 독일 지역)으로 옮겨가면서, 이 노래와 복음의 등급 차이를 드러내려고 층계에서 부르기 시작했습니다. 여기에서 '층계'(gradus)에서 부르는 노래라는 의미의 '층계송'이라는 명칭이 생겼고, 층계송을 모은 성가집을 'Graduale'라고 했습니다.

현재는 제2차 바티칸 공의회의 전례 개혁을 통해 본래의 의미를 살려서 '층계송'이 아니라 '화답송'(Responsorium)이라는 용어를 되찾았으며, 고유한 몇 가지 특징을 분명히 하였습니다. 첫째,

대부분의 화답송은 시편으로, 일부는 성서 찬가로 구성되어 있습니다. 둘째, 모든 화답송은 제1독서를 염두에 두고 선택한 것으로 그 내용에 있어서 제1독서와 조화를 이룹니다. 셋째, 화답송의 내용은 말씀을 들려주신 하느님께 올리는 찬미, 감사, 고백, 결심, 청원 등 다양하게 나타납니다. 넷째, 반복하여 부르는 후렴은 화답의 기능을 강화시키며, 화답 시편의 주요 구절이나 그에 상응하는 환호로 되어 있습니다.

말씀을 들려주시고 사랑을 풍성히 내려 주시는 하느님께 대한 응답인 화답송은 전례에서 울려퍼지고, 더 나아가 우리의 삶 자체가 화답송이 되도록 하는 것이 중요합니다. 그런 차원에서 베트남의 프란치스코 하비에르 구엔 반 투안 추기경은 오랜 감옥살이를 통해 얻은 신앙의 지혜를 담은 『지금 이 순간을 사랑하며』에서 참된 응답이 무엇인지를 가르쳐 주십니다. "하느님의 일이 아니라 하느님을 선택하는 것이야말로 그리스도적 삶의 뿌리가 되어야 합니다. 이것은 오늘날 세계에 가장 참되게 응답하는 길입니다." 하느님을 선택하기보다는 하느님의 일에 자신의 열정을 쏟으며 인정받기를 원하는 뿌리 얕은 신앙인이 되기 쉬움을 통찰하는 영적 가르침이지요.

# 15
# 복음 환호송과 부속가

'굶다'라는 말은 주로 먹는 것에 사용하는 동사이지만, 어떤 것을 꾹 참고 기다리는 상황을 말할 수 있지 않을까 합니다. 사순 시기에 천주교인들은 미사 중에 두 가지, 곧 '대영광송'과 '알렐루야'를 굶어야 합니다. 우리를 구원하기 위해 예수님께서 수난받고 묻혔다가 부활하신 사건을 준비하고 기다리다가 '부활 사건'을 기념하는 때에 웅장한 악기 연주와 함께 장엄하게 노래로 부르기 위해서 '대영광송'과 '알렐루야'를 아꼈던 거지요.

사순 시기가 시작되는 재의 수요일부터 파스카 성야 전까지는 '알렐루야' 대신에 '그리스도님, 찬미와 영광 받으소서' 또는 '말씀이신 그리스도님, 찬미받으소서' 등을 복음 환호송의 후렴구로 사용합니다.

"하느님(ia)을 찬미하라(allelu)"라는 뜻의 '알렐루야'(alleluia)는 시편에서 사용되던 고대의 전례 환호로서, 유다교와 그리스도교 모두의 전례적 유산에 속합니다. 서방의 여러 지역에서는 4세기 말에 복음에 앞서 화답하는 후렴인 알렐루야가 50일 동안, 곧 부활절부터 오순절(성령 강림)까지 불렸고, 아프리카에서는 이 시기를 '알렐루야 시기'라고까지 했습니다. "기뻐하는 사람은 말로 하지 않고, 말 없는 기쁨의 노래를 부른다"라고 한 아우구스티노 성인의 설명에 가장 적합한 것이 환호의 알렐루야일 겁니다.

부활 시기의 50일 동안 바치던 알렐루야는 대 그레고리오 교황(재위 590~604)의 전례 개혁에 따라 연중 주일에도 알렐루야를 노래할 수 있도록 했습니다. 그 이유는 교황께서 모든 주일이 주님의 부활을 기념하는 부활 대축일과 동일시하기를 원했기 때문입니다.

알렐루야의 '야'(ia)는 지금은 '주님'으로 번역하는 '야훼'를 의미하며 이를 음악적 용어로 '유빌루스'(Jubilus, 환희)라고 하여 특별한 의미를 부여했습니다. 따라서 그레고리오 성가로 '알렐루야'를 부르는 경우, 특히 '야'(ia)의 음절에 많은 음을 사용하여 길고 화려하게 부르는 멜리스마(melisma) 관습이 생겨났습니다. 이후 점차로 '야'(ia)가 지니고 있던 멜로디와 여기에 추가된 새로운 가사가 별도의 노래로 발전하였는데, 이것이 '부속가'(Sequentia)입니다.

9~10세기부터 발전하기 시작한 부속가는 16세기에는 수천

곡에 이르게 되어 전례에 혼란을 야기했고, 트렌토 공의회(1545~1563년)는 부속가를 4곡, 곧 주님 부활 대축일의 「파스카의 희생께 찬미를」, 성령 강림 대축일의 「오소서, 성령이여」, 지극히 거룩하신 그리스도의 성체 성혈 대축일의 「시온아, 찬양하라」, 그리고 위령의 날의 「분노의 날」로 제한합니다. 여기에 1727년 베네딕토 13세 교황(재위 1724~1730)에 의해 고통의 성모 마리아 기념일(9월 15일)의 「십자가 아래의 어머니」가 추가됩니다. 제2차 바티칸 공의회(1962~1965)의 전례 개혁으로 부속가는 모두 4개로 제한되었습니다. 주님 부활 대축일과 성령 강림 대축일의 부속가는 의무적이고, 지극히 거룩하신 그리스도의 성체 성혈 대축일과 고통의 성모 마리아 기념일의 부속가는 선택적입니다. 「십자가 아래의 어머니」(Stabat mater)의 11절 "어머니께 청하오니 제 맘속에 주님 상처 깊이 새겨 주소서"는 십자가의 길에서 각 처를 이동하면서 부르는 노래로 사용하여 귀에 익습니다. 미사에서 더 이상 사용되지 않는 위령의 날 부속가인 「분노의 날」(Dies irae)은 성무일도 연중 제34주간 독서기도 찬미가에서 찾을 수 있습니다. 알렐루야를 뒤따르던 부속가가 지금은 전례적 흐름 때문에 알렐루야 전으로 배치된 것은 여전히 논란이 되고 있습니다.

# 16
# 복음의 탁월함

'우월'이라는 단어는 예전에 한국 어머니들이 자식을 야단치면서 주변에서 보기 쉬운 비교 대상이자 자기 자식이었으면 하는 허상인 '엄마 친구 아들'(엄친아), '엄마 친구 딸'(엄친딸)에 대해 말했던 것을 떠오르게 합니다. 비교 우위를 말할 때 '우월'이라는 말을 사용하고, 그 반대로는 '열등'이라는 말이 있습니다. 그래서 비교급인 '우월'보다는 최상급인 '탁월'이 복음에 더 적합한 수식어가 아닐까 합니다.

말씀 전례의 전체적인 구성은 '복음 선포'를 중심으로 이루어져 있습니다. 제1독서 구약, 화답송, 제2독서 서간서, 복음 환호송으로 이어지는 하느님과 당신 백성의 대화 구조는 '복음'에서 정점에 도달합니다. 이러한 배치로 신구약 성경과 구원 역사의 단일성이 밝혀지고, 그 중심은 파스카 신비로 온 인류를 구원하신 그리스도가 계십니다.

교우들이 인지를 했든 못했든 교회는 전례에서 복음의 탁월함을 드러내기 위해 다양한 예식을 행합니다. 백성 전체의 일어섬, 복음 준비 기도, 향과 촛불 행렬, 교우들에게 인사, 십자 표시, 복음집 분향, 복음 후 기도, 복음집 강복 등은 모두 고유한 의미를 지니고 있지만, 요약하면 복음을 통해 현존하고 말씀하시는 그리스도께 대한 준비, 환영, 존경, 경청, 감사, 결심, 간청 등의 표시입니다.

복음 환호송(알렐루야)을 부를 때에는 모든 이가 일어섭니다. 이는 복음을 선포하러 오시는 주님께 대한 존경심과 환영을 드러내며 그분의 말씀을 경건히 경청하여 실천하겠다는 자세입니다. 복음을 봉독할 부제는 주례자 앞에 나아가 고개를 숙이고 축복을 청합니다. 부제가 없는 경우에는 주례자가 제대에 허리를 굽히고 속으로 "전능하신 하느님, 제 마음과 입술을 깨끗하게 하시어 합당하게 주님의 복음을 선포하게 하소서"라고 기도하면서, 복음 선포는 하느님의 은총이 아니면 합당하게 할 수 없음을 고백하고 은총을 청합니다. 이 기도는 11세기경에 미사에 들어왔으며, 이사 6,5~7의 소명 기사에서 유래했다고 합니다.

부제는 제대로 가서 입당할 때 들고 온 『복음집』을 높이 들고 향로와 촛불을 든 복사들과 함께 독서대로 갑니다. 이러한 성대한 행렬은 고대 로마의 황제 행렬의 영향을 받은 것으로, 왕중의 왕이신 그리스도를 상징하는 복음집에 존경과 예우를 표시하는 것입니다. 『복음집』은 주일과 의무 축일 미사 때 봉독하는 복음만 수록해 놓은 전례서로서 동방과 서방의 전례 전통에서는 늘 『복음집』과 『미사 독서』를 구별했습니다. 복음을 봉독하는 부제나 사제는 독서대에서 먼저 교우들에게 인사합니다. 12~13세기에 도입된 "주님께서 여러분과 함께"라는 인사는 현존하시는 그리스도께서 친히 복음을 선포하심을 암시하며, 다른 때와 달리 손을 벌리지 않습니다.

복음 선포자는 복음서와 이마, 입술, 가슴에 십자를 그으면서 복음 명칭을 알립니다. 복음의 참저자는 하느님이시고, 복음사가는 오직 그 말씀을 전달하는 사람이기에 "○○○가 전한 거룩한 복음입니다"라고 말합니다. 이때 교우들은 "주님, 영광 받으소서" 하고 응답합니다. 그리고 복음에 분향을 하고 복음을 선포합니다. 반면에, 주님 수난 성지 주일과 성금요일의 수난 복음 봉독 때에는 복음 전 인사, 십자 표시, 분향, 촛불 등이 모두 생략됩니다. 그 이유는 스스로 죄인이 되어 수난을 받으시는 그리스도를 생각하여 일시적으로 그분께 영광을 드리는 예식들을 보유하는 것입니다.

전례에서 선포된 복음의 탁월함은 이런 예식을 통해서도 드러나지만, '살아 있는 복음집'인 우리들을 통해 드러날 때 그 탁월함은 더욱 빛날 것입니다.

## 17
# 파스카 초의 상징

제단 위에서 빛을 밝히는 파스카 초를 볼 때마다 떠오르는 옛 추억이 있습니다. 하얀 눈이 덮인 설악산을 보좌 신부님과 선배 신학생들과 함께 등산하면서, 전날 내린 눈으로 인해서 없어진 길을 힘겹게 해치며 오르다가 해가 떨어지며 어두워질 즈음에 반갑게 만난 '산장의 불빛'이 파스카 초의 촛불에 오버랩됩니다. "어둠의 골짜기"(시편 23,4)에서 만난 희망의 빛이었지요.

예전에는 '파스카 초'를 '부활 초'라고 했었는데, 현재의 전례서에서는 '파스카 초'라고 합니다. 그 이유는 라틴어 'Cereus paschalis'를 그대로 번역한 것으로, 파스카 신비에서 하나의 사건인 '부활'이 아니라 "그리스도의 복된 수난과 저승에서 살아나신 부활과 영광스러운 승천의 파스카 신비"(가톨릭 교회 교리서, 1067항) 전체를 드러내는 초의 상징성을 제대로 드러내기 위한 의도입니다.

파스카 초의 유래는 어떤가요? 이 초는 파스카 성야를 많은 횃불로 밝히던 초기 교회에 널리 알려진 관습에서 유래했습니다. 다른 한편으로는 사람 크기의 초로 파스카 성야 동안 하느님의 집에 필요한 빛을 밝히던 로마의 관습에 그 뿌리를 두고 있습니다. 이를 축복하는 관습은 1세기로 거슬러 올라가 로마의 바실리카에서만 국한된 관습이었으며, 5세기까지는 교회 전체에 퍼지지 않았습니다. 갈리아 전례에서 파스카 초는 단 하나의 큰 초로 제한했으며, 갈리아의 신학들에 의해 광범위한 상징성을 지닌 우의적인 요소들로 초는 장식되었습니다. 그 요소들로써 다섯 개의 향덩이로 이루어진 십자가와 알파와 오메가와 당해 연도는 자유재량으로 남았습니다.

성 아우구스티노께서 "모든 거룩한 밤샘 전례의 어머니"라고 칭송한 거룩한 밤인 파스카 성야에 봉사자들은 성당 앞에 쌓여 있는 장작더미에 불을 지피고, 주례자는 그 불을 축복하여 파스카 초에 옮겨 붙임으로써 전례가 시작됩니다. 이 파스카 초는 칠흑같이 어두운 성당 안으로 들어가는 행렬 맨 앞에서 행렬을 이끕니다. 이는 하느님께서 이스라엘 민족을 이집트의 종살이에서 구하시고 밤새 앞장서 이끄시며 자유를 향해 밝혀 주셨던 불기둥을 연상시킵니다(탈출 13,21 참조). 다른 한편으로 파스카 초는 그리스도를 상징합니다. 예전에는 자연적으로 불을 얻기 위해 부싯돌의 불꽃으로 장작에 불을 붙이는 것이 관례였습니다. 이 불꽃은 돌무덤의 어둠에서 부활하시어 걸어 나오는 그리스도를 연상시킵니다. 파스카 초의 뒤를 따르는 사람들은 “나는 세상의 빛이다. 나를 따르는 이는 어둠 속을 걷지 않고 생명의 빛을 얻을 것이다”(요한 8,12)라고 하신 그리스도의 말씀을 기억합니다.

파스카 초를 선두로 제대를 향해 들어가는 행렬은 세 차례에 걸쳐 멈추어 서고, 그때마다 “그리스도 우리의 빛”이라고 외칩니다. 그리고 독서대 옆이나 제단 안에 마련된 촛대에 파스카 초를 놓은 다음, 빛의 예식을 마무리하는 ‘파스카 찬송’(Exsultet)을 독서대에서 노래합니다. 곧 파스카 초를 옆에 놓은 독서대는 주님의 부활을 선포하는 전례 공간입니다.

부활 시기 동안에 독서대 옆이나 제단에 마련된 촛대에 놓여 있는 파스카 초는 성령 강림 대축일이 지난 후에는 성당에 세례대가 있으면 그 옆에 둡니다. 세례식에서 세례자에게 촛불을 켜 줄 때, 파스카 초에서 불을 댕겨 주고, 장례미사 때에는 파스카 초를 고인의 머리맡에 놓는 까닭은 신앙인은 부활하신 예수님을 그리스도로 고백하고 영원한 생명을 희망하는 사람임을 드러내기 위함입니다. 곧 교회는 신앙인 모두가 세상에서 ‘파스카 초’가 되어 어두운 세상에 빛을 비추는 존재이길 기원하지요.

## 18
# 교회의 '신앙 고백'인 '신경'

정신없이 살다 보면 계절의 변화를 제대로 감지하지 못하고 '덥다'와 '춥다'로 표현하는 단순한 삶을 살기 쉽습니다. 그러나 잠깐 멈추어 주변의 꽃과 나무, 그리고 하늘을 바라보며, 그 아름다움에 취해서 '참 이쁘다'라는 감탄, 곧 자연의 아름다움에 대한 고백은 인생을 더욱 풍요롭게 만듭니다. 이렇게 감성에 열린 마음이면 인간 역사에 개입하여 당신의 사랑을 드러내신 하느님을 깨닫고 그분에 대해 고백하는 것도 쉬워집니다. 그래서 사도 바오로는 로마서에서 "마음으로 믿어 의로움을 얻고, 입으로 고백하여 구원을 얻습니다"(로마 10,10)라고 했지요.

교우들은 강론 후에 잠시 침묵을 하면서 막 들은 복음과 강론을 묵상하고 한목소리로 '신앙 고백'(Professio fidei) 곧 '신경'(Sym- bolum)을 통해 하느님 말씀에 응답합니다. '신앙 고백'이 처음에 행해진 곳은 '미사'가 아니라 '세례'입니다. 성 치프리아노(†258)가 처음으로 세례 때 행하는 신앙 고백에 '상징'을 뜻하는 'Symbol- um'이라는 용어를 적용합니다. 특정한 세계에 속한 사람들 간의 상호 식별과 인정의 수단인 'Symbolum'을 신앙 고백에 사용한 것은 보이지 않는 하느님에 대한 그리스도교의 믿음이 다른 종교와 구분되게 하는 '상징'이라는 것을 의미하지요.

다양한 신경 중에 가장 오래된 것은 2세기경 예루살렘의 세례 고백문이었으리라 짐작합니다. 그러나 현존하는 것 중에 가장 오래된 것은 3세기 초엽 히폴리투스 교부가 저술한 『사도 전승』에 수록된 세례 고백문입니다. 미사 중에 신앙 고백을 하기 시작한 시기는 5세기 후반이며, 안티오키아 교회가 가장 먼저 도입하였고, 6세기 말경에는 스페인의 톨레도 시노드(589년)를 시작으로 하여 갈리아 등 서방에도 번져 갔습니다. 당시 교회가 미사에 신경을 도입한 가장 중요한 이유는 그리스도의 신성을 부인하던 아리아니즘 이단을 막고 믿음의 기본 도리를 확고하게 심어 주기 위해서였습니다. 신경의 위치가 현재와 같이 복음 후로 변경된 시기는 8세기경이었으며, 1014년에 이르러 로마 전례에서는 신경이 미사에 들어왔습니다.

현행 로마 전례에서는 두 신경, 곧 '니케아-콘스탄티노폴리스 신경'과 '사도 신경'을 바칩니다. '니케아-콘스탄티노폴리스 신경'은 예루살렘에서 사용하던 세례 신앙 고백이 발달한 것으로 추정되며, 이 신경은 니케아 공의회(325년)와 콘스탄티노폴리스 공의회(381년)를 거쳐 '칼체도니아 공의회'(451년)에서 결정된 교회의 공식 신경입니다. '사도 신경'은 로마를 중심으로 하는 서방 교회의 세례 신앙 고백에서 발달했으며, 3세기경에 이미 기본 골격이 형성되었습니다. '사도 신경'이라는 명칭은 성 암브로시오가 393년에 교황 시리치오(재위 384~399)에게 보낸 편지에서 처음 발견됩니다.

'신경'은 주일과 대축일 및 성대하게 지내는 특별한 미사 때에 사제와 교우들이 함께 노래하거나 낭송합니다. 신경을 바칠 때, 구원의 시작인 주님의 탄생과 관련된 구절에서 깊은 절을 하여 육화의 신비와 파스카 신비의 긴밀한 관계를 강조합니다. 오천 명을 먹이신 기적을 보고 예수님께 "하느님의 일을 하려면 저희가 무엇을 해야 합니까?"(요한 6,28)라고 묻는 군중처럼, 신자들의 많은 경우, 자신이 무엇인가를 행하는 것과 신앙생활을 동일시하려고 합니다. 그러나 예수님은 "하느님의 일은 그분께서 보내신 이를 너희가 믿는 것이다"(요한 6,29)라고 하시며, 먼저 참된 믿음이 있어야 하고 그것을 고백하는 것부터 시작하라고 답하십니다.

## 19

# '보편 지향 기도'인가, '신자들의 기도'인가?!

신학생 때 읽었던 책 중에 요즈음 다시 읽는 책이 있습니다. 루이 에블리의 『어떻게 기도할 것인가』인데, 서두를 이렇게 시작합니다. "우리는 아주 적게 기도하고 보기 드물게 기도하며 또 보잘것없이 기도한다. (…) 무엇보다도 우리는 몹시 분주한 사람들이다. 우리의 생활은 활동과 혼란, 때로는 선행으로 가득 차 있다. (…) 즉 우리는 일을 정지하고 정신을 집중시키며 기도하는 것을 피하려고 한다." 과거에도 그렇고 지금도 그렇고 이 통찰력 있는 지적은 저를 부끄럽게 합니다. 예수님은 혼자보다는 이웃과 함께, 그리고 당신의 이름으로 모여 기도하라고 가르치십니다. "너희 가운데 두 사람이 이 땅에서 마음을 모아 무엇이든 청하면, 하늘에 계신 내 아버지께서 이루어 주실 것이다. 두 사람이나 세 사람이라도 내 이름으로 모인 곳에는 나도 함께 있기 때문이다"(마태 18,19~20).

이런 예수님의 가르침과 약속에 힘입어 바오로 사도는 그리스도인들에게 권고합니다. "나는 무엇보다도 먼저 모든 사람을 위하여 간청과 기도와 전구와 감사를 드리라고 권고합니다. 임금들과 높은 지위에 있는 모든 사람을 위해서도 기도하여, 우리가 아주 신심 깊고 품위 있게, 평온하고 조용한 생활을 할 수 있도록 하십시오"(1티모 2,1~2; 2코린 1,11; 에페 6,18~19 참조). 이러한 모범에 따라 교회는 이미 1세기 말경부터 세상 구원을 위한 특별기도를 전례 중에 바쳤습니다. 95년경에 기록된 클레멘스 교황의 저서에는 고통받는 이, 국가 지도자, 평화 등을 위한 여러 청원기도가 제시되고 있습니다. 그 당시에는 강론 후에 예비신자들을 보낸 다음 신자들만 남아서 이 기도를 바쳤는데, 기도 내용은 일정하지 않았지만 대체로 예비신자들과 모든 이의 구원이 그 대상이 되었습니다. 그 전통이 남은 형태는 성금요일의 주님 수난 예식에서 바치는 "보편 지향 기도"인데, 당대의 기도 내용과 형식을 잘 알려 주고 있습니다.

이 기도가 사라진 원인은 전례 시간을 줄이려는 대 그레고리오 교황의 노력 때문이었다고 전례 역사가인 테오도로 클라우저는 『서방 전례의 역사』에서 밝힙니다. 현재의 '신자들의 기도'와는 달리 기도의 수가 많았고, 각 기도 다음에 주례자의 본기도가 있어서 다소 장황했으며, 반복이 잦아서 시간이 길어졌습니다. 축일 미사가 세 시간 이상 지속되는 것을 문제 삼은 대 그레고리오 교황은 개혁을 통해 신자들의 기도를 없애게 하였습니다. 당시 '신자들의 기도'에 대한 회중의 응답이던 '주님 자비를 베푸소서' '그리스도님 자비를 베푸소서'는 현재의 자비송이 되었습니다.

제2차 바티칸 공의회는 1400여 년 전에 사라졌던 '신자들의 기도'의 가치를 인정하여 복구시켰습니다. 그러면서 전통적으로 사용한 용어인 '신자들의 기도'(oratio fidelium)와 예전에 사용하던 '공동 기도'(oratio communis)를 '보편 지향 기도'(oratio universalis)로 대신하면서, 누가 기도하고, 어떤 지향으로 해야 하는지를 더 분명하게 했습니다. 이 기도는 세 가지 특징, 곧 '하느님을 향한 간청'이며, '보편적인 선'을 지향하고, '교우들의 참여와 그들의 현실 반영'을 특징으로 합니다.

세례를 받은 모든 그리스도인은 그리스도의 사제직에 참여하여 세상 구원을 위하여 헌신, 봉사하는 사람임을 이 기도를 통해 실천합니다. 물론, 기도한 내용을 살아가려는 실천 의지가 있어야 결실을 맺을 수 있음도 기억해야 하지요.

## 20
# 예물 준비 성가? 봉헌 노래?

오랫동안 성가대 봉사를 하신 신자분이 "예물 준비 성가라고 해야 하나요? 봉헌 노래라고 해야 하나요?"라는 질문을 했습니다. 이 질문은 전례위원회에서 2008년 라틴어 제3표준 개정판의 『로마 미사 경본 총지침』을 한국어로 번역하면서 이 용어에 대해 논의했던 과정을 떠오르게 했습니다.

라틴어인 "cantus ad offertorium"(로마 미사 경본 총지침, 37, 74항)을 어떻게 번역하느냐가 관건이었습니다. 이미 2009년에 발간된 『한국 천주교 성음악 지침』에서는 '예물 준비 성가'라고 표현을 했었기에 이를 따를 것인지, 아니면 직역을 하여 '봉헌 노래'라고 할 것인지를 논의하면서, 다른 언어권에서의 번역을 비교 검토한 결과 직역을 하기로 결정했습니다. 그래서 2017년 『한국 천주교 성음악 지침』 개정판에는 "봉헌 노래"(57항)를 기본으로 하고 옆에 "예물 준비 성가"라고 하여, 함께 사용할 수 있는 여지를 남겼지요.

봉헌 노래는 신자들이 예물을 제단으로 가져가는 행렬에 동반하며, 적어도 예물을 제대 위에 차려 놓을 때까지 계속하는데, 분향이 이어질 경우에는 분향을 마칠 때까지 노래를 계속합니다. 이렇게 상을 차리고 고유 음식인 빵과 포도주를 가져다 놓는 예식을 "예물 준비"라고 하며, 이는 최후 만찬 때 그리스도께서 당신 손에 드셨던 빵과 포도주와 물을 제대로 가져가는 행위에서 유래했습니다. 초기에는 교우들이 예물을 아무런 기도나 노래 없이 행렬을 지어 제대로 가져갔으나, 4세기 말경부터 행렬이 더욱 길어지고 예물 봉헌의 의미를 드러내는 행렬에 동반한 성가를 부르기 시작했습니다.

그리스도교는 8세기까지 동방이든 서방이든 누룩이 든 일반 빵을 성찬 빵으로 사용했습니다. 9세기에 이르러 서방에서 유다인들의 파스카 축제 때 사용하는 누룩 안 든 빵 사용을 도입하였고, 11세기경에는 현재와 같은 작은 제병들이 일반화되었습니다. 그러나 동방은 여전히 누룩 든 빵을 성찬 빵으로 사용합니다.

사제가 빵과 포도주를 들고 하는 "예물 준비 기도"는 유다인들의 전통적인 파스카 축제의 '하가다'(Haggadah)에 포함된 축복 기도인 '베라카'(berakah)의 내용이 담겨 있습니다. 빵 축복 기도는 빵이 하느님의 선물이고 땅의 열매이며 인간 노동의 결실임을 기억하고, 이 빵을 주님께 돌려드리면서 생명의 빵인 주님의 몸이 되게 해 주기를 기도합니다. 그리고 포도주에 물을 섞는 이유는 고대 관습이 그대로 예식에 들어온 것으로 의미는 인성을 취하신 그리스도의 신성에 인간인 신자 공동체의 결합을 상징합니다. 잔 축복 기도는 포도나무를 가꾸어 얻은 결실인 술을 주님께 돌려 드리니 구원의 음료, 곧 예수님이 십자가 위에서 온 인류를 위해 흘리신 피가 되게 해 달라고 청합니다.

빵과 포도주를 우리의 예물로 준비하며 아버지 하느님께 이 빵과 포도주를 마치 우리를 보듯 보아 달라고 청함으로써 우리 자신을 준비합니다. 예물을 준비한다는 것은 예물을 통하여 우리 자신을 봉헌한다는 의미를 포함합니다. 이것은 곧 주 예수님께서 감사 기도에서 아버지 하느님께 모든 것을 내놓으시듯, 그분을 통하여, 그분과 함께, 그분 안에서, 그분에 의해 봉헌되는 제물처럼 우리 자신을 '높이 들어 올리는' 과정의 시작입니다.

21

# 감사 기도인가, 성찬 기도인가?!

불행과 행복의 차이는 무엇일까요? 누군가는 이렇게 말합니다. "불행한 사람은 준 것을 기억하고 받은 것을 잊어버립니다. 그리고 기억하고 있는 것에 대해 불만을 토합니다. 행복한 사람은 준 것을 잊어버리고 받은 것을 기억합니다. 그리고 기억하고 있는 것을 감사하게 여깁니다. 어떤 것을 기억하느냐의 차이가 불행과 행복을 나뉘는 듯합니다." 여러분은 무엇을 더 많이 기억하나요?

미사의 가장 핵심 단어는 '기억'입니다. 단순한 회상을 넘어서 과거의 사건을 현재의 사건으로 만드는 창조적 힘을 지닌 '기억'은 히브리어 '다바르'(dābār), 그리스어로 '아남네시스'(anamnesis)라고 합니다. 교회는 성찬 전례, 특히 감사 기도를 통해 하느님의 구원 업적 전체를 '기억'하고 하느님께 감사를 드리고 찬미와 찬양을 합니다.

예전에는 '감사 기도'(Prex eucharistica)를 '성찬 기도'라고 했는데, 그것은 "Liturgia eucharistica"(직역 '감사 전례')를 '성찬 전례'로 번역한 것과 연관이 있다고 생각합니다. 현재는 그리스도께서 "사제요 제대이며 어린양"(부활 감사송 5)으로 주재하시는 거룩한 잔치라는 의미를 살려서 '성찬 전례'라는 용어는 그대로 사용하고, 대신에 '성찬 기도'를 본래의 뜻인 '감사 기도'로 사용하고 있습니다.

감사 기도의 용어들을 살펴보면, 유다인들이 종교적 식사에서 가장이 빵과 잔을 들고 바치는 찬양 기도를 "베라카"라 하고, 사도 교회는 이 기도를 찬양 기도라는 뜻으로 "에울로기아"(Eulogia) 또는 감사 기도라는 의미로 "에우카리스띠아"(Eucharistia)라 했지요. 시간이 지나면서 "에우카리스띠아"를 선호하여 지금에 이르렀으며, 동방 교회는 "봉헌"이라는 의미의 "아나포라"(Anaphora)라고 부릅니다.

감사 기도를 이루는 주요 요소는 감사(감사송), 환호(거룩하시도다), 성령 청원(축성과 일치 기원), 성찬 제정과 축성문, 기념(주님의 수난과 부활과 승천을 기억), 봉헌(흠 없는 제물을 성령 안에서 아버지께 봉헌), 전구(하늘과 땅에 있는 온 교회가 하나 되어 성찬례를 거행하고 있음), 마침 영광송(삼위일체 하느님께 영광을 드림)입니다.

감사 기도의 핵심은 '감사'와 '축성'입니다. '감사송'에서 사제는 거룩한 백성 전체의 이름으로 하느님 아버지를 찬양하고, 구원 업적 전체에 대하여 감사를 드리고, 축성은 '축성 기원 성령 청원'과 '성찬 제정과 축성문'을 통해서 교회 공동체가 봉헌한 예물인 빵과 포도주가 그리스도의 몸과 피가 되는 경이로운 신앙의 신비가 이루어집니다. 이 순간에 모두 집중하라고 복사는 종을 칩니다.

『천주교 요리문답』(天主敎要理問答)의 첫 번째 질문과 답은 감사 기도의 의미와 연결됩니다. "사람이 무엇을 위하여 세상에 났느뇨? 사람이 천주를 알아 공경하고, 자기 영혼을 구(救)하기 위하여 세상에 났느니라." 천주를 알아 공경하는 기본은 하느님이 하신 구원 업적을 기억하고 그분께 감사를 드리는 것이고, 자기 영혼을 구(救)하는 첫걸음은 구원자이신 예수 그리스도와 일치하여 사는 것이기 때문에, '감사'와 '축성'을 이루는 감사 기도는 사람이 세상에 태어나 행해야 하는 이치대로 살도록 이끌어 줍니다. "손과 함께 우리의 마음도 하늘에 계신 하느님께 들어"(애가 3,41) 올리며 감사를 드릴 때, 하느님은 우리를 거룩하게 하시어 창조 때의 모습, 곧 "하느님의 모습"(창세 1,27)으로 돌아가게 합니다.

## 22
# 성변화와 종?!

밀레의 「만종」(晚鐘)은 프랑스어 *'L'Angelus'*로 '삼종기도'를 뜻합니다. 들판에서 일하다가 성당의 종소리를 듣고 기도하는 농부 부부가 가운데 있고 한쪽에 성당의 종탑이 멀리 보입니다. 이 그림을 가만히 보고 있노라면, 성당에서 울리는 종소리가 은은하게 들리는 듯합니다.

'종'을 교회에서 사용하게 된 것은 그리스도교 신앙이 자유를 얻은 313년 밀라노 칙령 이후로 추정되며, 라틴어로 '종'을 'campana'라고 하는 이유는 당시 이탈리아의 캄파나 지역에서 청동 산업이 발전하여 그곳에서 종을 많이 만들어서 생긴 용어라고 추정합니다. 교황 사비니아노(재위 604~606)가 처음으로 기도와 미사 시간에 성당의 종을 울리도록 규정했습니다.

현재 미사에서 복사가 작은 종을 사용하는 경우는 성변화와 관련됩니다. 곧 교회 공동체가 봉헌한 예물인 빵과 포도주가 그리스도의 몸과 피로 거룩하게 변화하는 축성의 순간들이지요. 빵과 포도주가 성체·성혈로 변하는 축성 시점은 동방 전례와 서방 전례가 서로 다르게 해석했습니다. 동방은 축성을 기원하는 '성령 청원 기도'(epiclesis)를 성체·성혈 축성의 중요한 요소로 생각한 반면에, 서방은 제2차 바티칸 공의회 전까기 그리스도의 말씀인 '성찬 제정문'으로 축성이 이루어진다고 했습니다.

서방 교회가 예수님의 말씀에 중점을 두는 계기를 마련한 교부 중에 암브로시오 성인이 있습니다. 그의 저서 『성사론』에서 분명하게 말합니다. "축성 전에 빵은 그저 빵일 뿐이다. 그러나 그리스도의 말씀이 말해지는 즉시 빵은 그리스도의 몸이다. (…) 포도주와 물이 든 잔도 그리스도의 말씀 전에는 마찬가지이다. 그러나 그리스도의 말씀이 있은 즉시 그것은 백성을 구원할 피가 된다."

약 1600년 동안 로마 교회의 유일한 감사 기도이고 현재의 '감사 기도 제1양식'인 '로마 전문'(Roman Canon)에는 성령이라는 단어가 마지막 영광송(Doxologia)을 제외하고는 보이지 않습니다. 비록 성령을 구체적으로 말하지 않았지만 예물에 대한 성령의 역할을 언급합니다. 성찬 제정문을 하기 전에 하는 "주 하느님, 이 예물을 너그러이 받아들이고 강복하시어 참되고 완전하며 합당한 제물 사랑하시는 성자 우리 주 예수 그리스도의 몸과 피가 되게 하소서"라는 부분이지요.

제2차 바티칸 공의회에서는 이브 콩가르를 비롯한 여러 신학자의 연구에 힘입어 '예수님의 성찬 제정 말씀'과 함께 성령을 빵과 포도주를 성체·성혈로 변화시키는 축성의 주인공으로 인정했습니다. 그래서 로마 전문인 제1양식 이외의 나머지 양식에는 '축성 기원 성령 청원 기도'가 포함되었으며, 이 순간에는 사제가 예물 위에 손을 펴 얹도록 하였습니다.

그렇다면 미사에서 종을 치는 순간이 축성과 관련 있다는 차원에서 볼 때, 기본적으로 세 번의 순간을 말할 수 있습니다. 성령 청원을 하며 사제가 손을 예물 위에 얹는 순간, 빵에 대한 예수님의 말씀을 하고 축성된 빵을 들어 올리는 순간, 잔에 대한 예수님의 말씀을 하고 축성된 피를 담은 잔을 들어 올리는 순간입니다. 이에 더하여 성체와 성혈에 대해서 깊이 절을 하는 순간들에 종을 칩니다. 이런 관점에 볼 때, 사제가 영성체하는 순간에 치는 종은 아무 필요가 없습니다.

'성령 청원 기도'와 '예수님의 성찬 제정문'을 통하여 축성되어 그리스도의 몸과 피가 된 성체와 성혈을 들어 올릴 때, 가만히 보기만 하지 않고 성 비오 10세께서 알려 주신 것처럼 토마 사도가 한 고백인 "저의 주님, 저의 하느님"(요한 20,28)을 속으로 하면 좋겠습니다.

23

# 영성체를 위한 준비 기도인 주님의 기도

"길동은 아버지를 아버지라 못하고 형을 형이라 부르지 못하니"라는 허균의 『홍길동전』에서 나오는 유명한 구절은 세상을 창조한 '전능하신 하느님'을 '우리 아버지'라고 할 수 있음이 얼마나 행복한 일인지를 새삼 깨닫게 합니다.

사람은 누구나 타인으로부터, 특히 부모로부터 인정받고 싶어 하지요. 그래서 자기 자녀들의 이러한 마음을 잘 헤아리는 부모는 자녀가 행한 결과에 대해 인정해 주려고 노력합니다. 그런데 좋은 결과가 있을 때만 '칭찬'을 해 주는 부모보다는 자녀가 어떤 일을 해 나가는 과정, 노력 자체에 초점을 맞추어 '격려'를 해 주는 부모의 자녀가 훨씬 자존감이 높다고 합니다. '결과'보다는 '과정'을 보다 중요하게 여기는 하느님 아버지의 격려를 잘 드러내는 것이 '주님의 기도'가 아닐까 합니다. '주님의 기도'는 그리스도와 이루는 일치로 가기 위한 여정에서, 하느님에 대해 어떤 자세와 태도로 살아야 하는지를 가르쳐 주며, 무엇보다 무엇을 청해야 하는지를 잘 가르쳐 줍니다.

현행 미사에서 교회는 주님께서 몸소 가르쳐 주신 기도, 곧 마태오 복음(6,9~13)과 루카 복음(11,2~4)을 통해 우리에게 전해진 주님의 기도를 평화의 인사 전에 바칩니다. 이미 4세기에 로마 교회는 이 기도를 대부분의 동방과 다른 서방 교회에서처럼 빵을 쪼갠 후에 낭독했습니다. 대 그레고리오 교황(재위 590~604)은 오늘날과 같은 방식으로 감사 기도 다음으로 배치했는데, 그 이유는 주님의 기도를 감사 기도의 완성을 이룬다고 생각했기 때문입니다. 그러나 교부들은 이미 "오늘 저희에게 일용할 양식을 주시고"를 일상생활에 필요한 양식 외에 천상 양식인 성체로 여겼으며, "우리 죄를 용서하시고"라는 훌륭한 청원을 영성체 준비로 간주했습니다.

로마 교회는 주님의 기도를 '주례자의 기도'로 삼아 사제 혼자 바치고, 신자들은 마지막 청원인 "악에서 구하소서"만 함께 바쳤습니다. 그런데 1964년의 「전례 헌장」의 올바른 실천을 위한 첫째 훈령인 「세계 공의회」 48항은 이 기도를 공동체의 기도로 복귀시켰고, 기도 끝에 부속 기도가 이어지기 때문에 "아멘"은 삭제했습니다. 그러나 사제가 팔을 벌리고 기도하는 자세는 그대로 유지했습니다.

부속 기도는 이미 초세기의 동방과 서방 전례에서 나타납니다. 부속 기도의 내용은 일반적으로 '주님의 기도'의 마지막 두 청원인 "우리를 유혹에 빠지지 말게 하시고"와 "악에서 구하소서"를 확대한 내용으로 모든 악으로부터 해방과 현세의 평화를 기원합니다. 진정한 평화는 죄와 근심으로부터 인간을 자유롭게 하기 때문이지요.

"하느님의 자녀 되어 구세주의 분부대로 삼가 아뢰오니"라는 권고에서 알 수 있듯이 초세기부터 '주님의 기도'는 오직 세례받은 신자들만이 바칠 수 있는 신자 전용 기도입니다. 2세기 초에 작성된『디다케』8장에서 그리스도인은 주님의 기도를 "하루에 세 번" 바치라고 합니다. 이에 따라 교회는 성무일도의 아침과 저녁기도, 그리고 미사에서 주님의 기도를 바치도록 배치했습니다.

또한 세례받은 신자만이 할 수 있는 기도임을 분명하게 알 수 있는 것은, 교회가 옛 전통인 "주님의 기도 수여식"을 현행『어른 입교 예식』에 복구시켜서 '정화와 조명의 기간'의 세례 전에 뽑힌 이들에게 '수련식과 수여식'에서 행한다는 것입니다. 이로써 뽑힌 이는 "하느님의 자녀가 되는 새로운 정신을 더욱 깊이 깨닫고, 이 정신으로 특히 성찬 모임에서 하느님을 아버지라고 부르게 됩니다"(어른 입교 예식 지침, 25항).

## 24
# 평화를 기원하는 그리스도인

제1차 세계 어린이의 날(2024년 5월 25~26일)에서 프란치스코 교황은 "어린이들은 '평화의 창조자'가 돼야 합니다"라고 하시고, "고통받는 또래 어린이들을 생각하며 더 이상 전쟁이 일어나지 않도록 평화를 위해 기도해 달라"고 당부하셨습니다. 고통받는 어린이들을 위해 어른이 아니라 어린이에게 기도해 달라고 당부하시는 교황의 말씀은 평화는 어느 특정 그룹이 아닌 모두의 과제이며, 가장 우선해야 하는 것은 바로 자신의 이웃과의 관계부터 시작해야 함을 깨닫게 합니다.

교회는 영성체를 준비하면서, 주님의 기도 이후에 평화 예식을 배치하여 평화는 바로 옆의 이웃부터 시작하여 널리 퍼져 나가야 함을 드러냅니다. 이 예식은 예수께서 산상설교에서 하느님께 예물을 바치려면 먼저 형제와 화해하라는 가르침(마태 5,23~24

참조)에 따라 이미 2세기부터 미사에 들어왔습니다. 155년경에 기록된 유스티누스의 『호교론』 제1권 65장에 "우리 자신을 위해, 빛을 받은 이와 모든 곳의 다른 모든 이를 위해 함께 열심히 기도합니다. (…) 기도가 끝나면 서로 입맞춤으로 인사합니다"라고 말합니다. 곧 지금의 '보편 지향 기도'를 하고 '평화 예식'이 뒤따랐고 '예물 봉헌'이 이어졌음을 알 수 있습니다. 이런 예식의 순서는 동방 전례에서 아직도 유지됩니다.

그러나 로마에서는 6세기 말엽, 대 그레고리오 교황에 의해 오늘날의 자리인 '주님의 기도' 후에 '평화 예식'을 배치했습니다. 그리고 중세에는 성직자 중심으로 거행되던 전례 경향에 따라 이 예식은 성직자들끼리만 나누는 평화 예식으로 변하고 말았습니다. 지금은 고대 전통에 따라 평화 예식을 빵 나눔과 분리시키고 신자 모두가 참여하여 이웃과의 화해를 통한 영성체 준비의 성격을 분명하게 했습니다.

평화 예식은 세 부분, 기도 초대문을 포함한 '평화의 기도', 공동체를 위한 '평화의 기원', '평화의 인사'로 진행됩니다. 사제는 평화의 기도로 이끄는 초대문에서 "나는 너희에게 평화를 남기고 간다. 내 평화를 너희에게 준다"(요한 14,27)라는 평화에 관한 예수님의 약속을 확인합니다. 여기서 예수님께서 말씀하신 '평화'(샬롬)는 싸움이나 전쟁이 없는 것보다 훨씬 깊은 의미가 있습니다. 이 평화는 예언자들이 예고한 것과 같이 미래의 구원자, 메시아께서 이룩하실 평화로서 하느님과 인간 및 인간 상호 간의 일치와 사랑에서 흘러나오는 평화를 말합니다. 곧 그리스도께서 주시는 '평화'는 당신의 현존과 관련됩니다. 알렉산드리아의 키릴루스는 『요한 복음 주해』에서 "평화는 그리스도 자신을 가리킵니다. 그리스도께서 함께 계실 때 영혼은 언제나 평온을 누리기 때문입니다"라고 합니다.

"주님의 평화가 항상 여러분과 함께"라는 평화의 인사는 아우구스티노 시대 이전부터 전례에 들어왔습니다. 이 인사를 통해 교회는 자신과 온 인류 가족의 평화와 일치를 기원합니다. 또한 사제가 교우들을 향하여 팔을 벌리는 자세는 기도 권고나 주례 기도 때와 달리 교우들을 포옹하는 의미를 지니고 있습니다. "여러분도 사랑의 입맞춤으로 서로 인사하십시오. 그리스도 안에 있는 여러분 모두에게 평화가 있기를 빕니다"(1베드 5,14)에서 사랑의 입맞춤과 평화를 연결시킵니다. 2~3세기의 교부들인 유스티누스와 히폴리투스 등의 저서에서 이미 전례 예식으로 소개됩니다. 평화의 인사는 민족의 문화와 관습에 따라 정할 수 있는데, "한국 교구들에서는 평화의 인사로 가벼운 절"을 하기로 했습니다(로마 미사 경본 총지침, 82항). 평화 예식은 주님과 함께 그분의 평화를 이 땅에 이루기 위한 마중물입니다.

## 25
# 주님과의 일치인 영성체

많은 사제의 롤 모델이신 김수환 추기경께서는 크리스마스 카드에 '밥이 됩시다' '제가 밥이 될 수 있도록 기도해 주십시오'라는 문구를 즐겨 쓰셨습니다. 여기에는 우리가 영혼과 육신이 허기진 이들을 위해 '밥'이 될 만큼 자기 자신을 내놓는다면 얼마나 좋을지 하는 바람이 담겨 있지요. 어찌 보면 '밥'이 된다는 것은 다른 사람이 자신을 얕잡아 보게 하는 빌미를 제공하는 것은 아닐지 하는 걱정이 앞서기도 합니다. 이기주의와 약육강식의 논리가 앞서는 사회에서 '밥이 됩시다'라는 말은 자신이 구원하려는 사람들의 손에 의해 십자가에 매달리신 예수님을 닮으리라는 말씀으로 들립니다.

영성체는 주님께서 당신을 받아먹으라는 간절한 초대에 응답하여 그분과 일치하는 행위입니다. "너희가 사람의 아들의 살을 먹지 않고 그의 피를 마시지 않으면, 너희는 생명을 얻지 못한다”(요한 6,53). ‘그리스도의 몸’을 받아 모시기 위한 적절한 준비로 신자들은 “교회가 정한 공복재(영성체 전 한 시간)를 지켜야 합니다. 또한 몸가짐(행동, 복장)은 그리스도께서 우리의 손님이 되시는 그 순간에 걸맞은 존경과 정중함을 기쁨을 나타내야 합니다”(가톨릭 교회 교리서, 1387항).

영성체 예식은 사제의 영성체, 교우들의 영성체, 영성체 노래로 이루어져 있습니다. 최후 만찬에서 그리스도께서는 당신 몸과 피를 먹고 마시라고 하셨습니다. 이에 따라 초세기에는 미사에 참여한 교우들은 특별한 장애가 없으면 모두 성체와 성혈을 받아 모셨습니다. 그러나 4세기 이후 그리스도의 신성을 부인한 아리아니즘 이단에 맞서 교회가 그리스도의 신성을 강조하면서 성체 성혈도 지존하신 하느님의 몸과 피임을 강조하다 보니 교우들은 강한 경외심으로 차츰 영성체를 멀리하게 되었습니다. 이로 인해 성체 신심 행위인 성체조배와 성시간 등이 영성체를 대신하기도 했습니다. 또한 중세 중엽에 마음과 정신으로 영성체를 해도 성체를 받아모시는 것과 거의 같은 효과를 가져오는 영적인 영성체인 ‘신령성체’도 생겼습니다.

이러한 영성체 기피 현상을 극복하기 위해 제4차 라테라노 공의회(1215년)는 모든 신자에게 최소한 매년 부활절에는 고해성사를 하고 영성체를 하도록 의무 규정으로 제시하기까지 합니다. 현재의 『로마 미사 경본 총지침』에서는 “사제와 마찬가지로 신자들도 바로 그 미사에서 축성된 성체로 주님의 몸을 모시고, 미리 허용된 경우에는, 성작에서 성혈을 모시는 것이 매우 바람직하다. 이러한 표지들을 통하여, 영성체가 현재 거행되는 희생 제사에 참여하는 것이라는 사실이 더욱 분명해진다"(85항)라고 하며, 희생 제사에 대한 온전한 참여인 교우들의 영성체를 권장합니다.

교회는 "성체와 성혈 양형으로 할 때에 표지로서 더 충만한 형태를 지닌다"(로마 미사 경본 총지침, 281항)라고 하며 양형 영성체를 할 수 있음을 말합니다. 또한 "한 가지 형상만의 영성체로도 그리스도를 참된 성사로 온전하게 모두 다 모시는 것이므로, 그 효과에 관련하여 오직 한 가지 형상만 모시는 이들도 구원에 필요한 은총을 결코 빼앗기지 않는다는 것"(로마 미사 경본 총지침, 282항)임도 분명히 하고 있습니다.

주님의 몸과 피는 이제 우리가 함께 성체를 받아 모시는 순간 우리를 하나의 백성, 한 몸으로 결합시키고, 당신을 닮아 먹히기 위해 쪼개진 빵이 되라고 합니다. "예수님과 함께 우리들 각자는 세상의 생명을 위해 쪼개진 빵이 되도록 부름 받았습니다"(사랑의 성사, 88항)라는 베네딕토 16세의 말씀은 영성체의 참된 의미를 밝혀 줍니다.

## 26
# 축복 속의 파견

50세가 되면, 공자가 『논어』의 「위정편」(爲政篇)에서 말한 '지천명'(知天命) 곧 하늘의 뜻을 알게 되고, 사제 서품 25년이 넘으면 당연히 하느님의 영을 자연스럽게 따르는 줄 알았습니다. 그러나 막상 나이 50이 넘고, 서품 25년이 지나도 당연히 이루어지리라 생각했던 것들이 자연스러운 것이 아니라는 사실을 알게 되었지요. 지천명은 지학(志學), 이립(而立), 불혹(不惑)의 단계들을 잘 밟아간 사람들이 이룰 수 있는 경지이지요. 또한 하느님의 영을 자연스럽게 따르는 사제와 교우가 되기 위해서는 "모든 날은 하느님 백성의 전례 거행, 특히 성찬의 희생 제사와 성무일도로 성화된다"(전례주년과 전례력에 관한 일반 규범, 3항)는 교회의 가르침에 따라 전례 거행에 온전하고 의식적이며 능동적으로 참여한 이들에게 이루어지는 일임을 새삼 깨닫습니다.

주님의 부르심으로 모인 교회는 그리스도의 사랑을 전하기 위해 집회를 해산해야 할 때가 옵니다. 미사의 마침 예식은 공지 사항, 인사, 강복, 파견, 퇴장의 순서로 진행됩니다. 초세기의 마침 예식에 대해서는 어떤 교부도 자료를 제공하지 않습니다. 이런 것을 볼 때, 영성체 후에 별도의 예식이 없거나, 있었다면 로마 관습에 따라 사제나 부제가 "가십시오. 파견입니다"(Ite missa est)라 하고 파견했을 것이라 추정됩니다.

사제의 강복은 늦게 도입되었습니다. 6~7세기 『로마 예식』 제1권에 의하면, 주교는 제대에서 내려와 개별적으로 강복을 청하는 신자들에게 "주님께서 여러분을 축복하시기를"이라고 했음을 전해 줍니다. 10세기경에 이 강복이 미사 끝부분에 들어왔지만 적어도 13세기까지는 주교에게만 맡겨져 있었습니다. 현재는 강복 양식이 '보통 강복' '장엄 강복' '백성을 위한 기도' 등 세 가지가 있습니다.

현재의 파견문인 "가십시오. 파견입니다"(Ite missa est)는 『로마 예식』 제1권에 처음으로 등장하며, 강복 전에 행했습니다. 이것 외에도 "가도 좋습니다" "평화 안에 나아갑시다"(밀라노 전례), "평화로이 가십시오"(동방의 안티오키아 전례; 마르 5,34; 루카 7,50 참조) 등이 있었습니다. 현재, 한국천주교회는 "Ite missa est"를 "미사가 끝났으니 가서 복음을 전합시다"라고 의역을 하여 사용하며, 네 개 양식을 추가 삽입해 놓았습니다. 미사가 끝나고 교우들은 잠시 성당에 남아 개별적으로 미사의 의미와 가치를 되새기고, 복음과 성체에 대한 감사 기도를 바치면 좋습니다.

“신자들 각자가 돌아가 선행을 하여 하느님을 찬미하고 찬양하도록 파견”(로마 미사 경본 총지침, 90항)되었다는 것은 세상의 빛과 소금이 되라고 명하신 그리스도의 사랑을 세상에 전하기 위해 파견되었음을 말합니다. 파견된 교우들은 “하느님 감사합니다”라고 하며, 하느님의 놀라우신 구원 업적에 대한 감사인 성찬례를 회상합니다. 이로써 미사의 말씀 전례와 성찬 전례를 통해 주님으로부터 양육된 하느님 백성은 이제 그분과 함께 사랑하러 세상으로 나아갑니다.

“사랑하라. 그리고 네가 하고 싶은 것을 해라”(Dilige et fac quod vis)라는 성 아우구스티노(353~430)의 말씀은 ‘신을 사랑하라. 그리고 네가 원하는 것을 해라. 그러면 모든 것이 이루어질 것이다’라는 의미입니다. 이는 파견된 하느님 백성이 미사를 통하여 신의 사랑을 깨닫고 그분을 사랑하여 그분이 원하는 것을 행하는 것과 일맥상통합니다. 또한 이것이 바로 지천명(知天命)이며, 또한 그분의 영을 따르는 삶이겠지요.

# 참고문헌

## 제1부 • 응답하라 전례


• 국립국어연구원, 『표준 국어 대사전』, 두산동아, 1999.

• 마티아스 아우제, 『전례란 무엇인가』, 장신호 · 윤종식 옮김, 가톨릭대학교출판부, 2022.

• 암브로스 베르홀, 『전례신학』, 김복희 옮김, 분도출판사, 1994.

• 오귀스탱 길르랑, 『그들은 침묵으로 말한다』, 이상현 옮김, 생활성서, 2022.

• 유요한, 『종교, 상징, 인간』, 21세기북스, 2014.

• 이시형, 『쉬어도 피곤한 사람들』, 비타북스, 2018.

• 클레멘스 리히터, 『전례와 삶』, 정의철 옮김, 가톨릭대학교출판부, 2005.

• 한국천주교주교회의 전례위원회, 『로마 미사 경본 총지침』, 한국천주

교중앙협의회, 2018.

• 한국천주교주교회의 전례위원회, 『로마 미사 경본』, 한국천주교중앙협의회, 2017.

• 한국천주교주교회의 전례위원회, 『미사 독서 목록 지침』, 한국천주교중앙협의회, 2018.

• 한국천주교주교회의, 『가톨릭 교회 교리서』, 한국천주교중앙협의회, 2008.

• 한국천주교주교회의, 『제2차 바티칸 공의회 문헌』, 한국천주교중앙협의회, 2002.

• 훌리안 로페스 마르틴, 『교회의 전례』, 장신호 옮김, 가톨릭대학교출판부, 2023.

• 히폴리투스, 『사도 전승』, 분도출판사, 1992.

## 제2부 • 슬기로운 전례 상징

• Alexander Kuhne, *Segni e simboli della Messa e dei Sacaramenti,* San Paolo, 1988.

• Enrico Cattteneo, *Il culto cristiano in occidente*(서방 그리스도교 예배), CLV edizioni liturgiche, 1992.

• Innocenzo III, *Il sacrosanto mistero dell'altare*(*De sacro altaris mysterio*: 제대의 거룩한 신비), Libreria Editrice Vaticana, 2002.

• L. Ryken / J.C. Wilhoit / T. Longman III, *Le Immagini Bibliche-Dizionari San Paolo*, San Paolo, 2006.

• Silvano Sirboni, *Il Linguaggio simbolico della Liturgia*, San Paolo,

1999.
• 김종익, 『그리스도교의 상징들』, 가톨릭출판사, 2001.
• 로마노 과르디니, 『거룩한 표징』, 장익 옮김, 분도출판사, 1976.
• 르네 지라르, 『희생양』, 김진식 옮김, 민음사, 2007.
• 말로 모건, 『무탄트 메시지 — 그곳에선 나 혼자만 이상한 사람이었다』, 류시화 옮김, 정신세계사, 2003.
• 미셸 푀이예, 『그리스도교 상징사전— 성서와 전승의 개념어 소사전』, 연숙진 옮김, 보누스, 2009.
• 베네딕토 16세, 『전례의 정신』, 정종휴 옮김, 성바오로출판사, 2006.
• 브랜트 피트리, 『성만찬의 신비를 풀다 — 예수와 성만찬의 유대적 뿌리』, 최현만 옮김, 감은사, 2024.
• 스콧 한, 『네 번째 잔의 비밀 — 최후의 만찬과 십자가의 신비를 밝히다』, 이형규 옮김, 가톨릭출판사, 2023.
• 안드레아 자크만, 『전례에 초대합니다』, 강대인 옮김, 가톨릭출판사, 2023.
• 안셀름 그륀, 『세례성사 — 생명의 축제』, 정한교 옮김, 2004.
• 안셀름 그륀, 『혼인성사 — 가정 공동체에서 내리는 축복』, 이은희 옮김, 2006.
• 에곤 카펠라리, 『전례와 일상의 거룩한 표징』, 안명옥 옮김, 들숨날숨, 2011.
• 에리히 프롬, 『사랑의 기술』, 황문수 옮김, 문예출판사, 2019.
• 요세푸스 플라비우스, 『요세푸스 3: 유대전쟁사』, 생명의말씀사, 1987.
• 유스티누스, 『첫째 호교론, 둘째 호교론, 유대인 트리폰과의 대화』, 안소근 역주, 분도출판사, 2022.
• 유요한, 『종교, 상징, 인간』, 21세기북스, 2014.

• 장 다니엘루, 『성경과 전례』, 안봉환 옮김, 도서출판 아름다운, 2019.
• 장 레미, 『생명의 태양인 성찬례』, 김좌동 옮김, 가톨릭출판사, 2011.
• 한국천주교주교회의 전례위원회, 『견진 예식』, 한국천주교중앙협의회, 2018.
• 한국천주교주교회의 전례위원회, 『로마 미사 경본 총지침』, 한국천주교주교회의, 2018.
• 허영엽, 『성서의 풍속 — 풍속의 역사를 알면, 성서가 보인다』, 이유출판, 2006.
• 히폴리투스, 『사도 전승』, 분도출판사, 1992.
• 『열두 사도들의 가르침: 디다케』, 정양모 역주, 분도출판사, 1993


### 제3부 • 아하~ 전례 공간!


• Crispino Valenziano, "L'Ambone: Aspetti storici"(독서대의 역사적 측면), in *L'Ambone, tavola della parola di Dio*(독서대— 하느님 말씀의 식탁), A. Birmelé / F. Debuyst(eds.), Edizioni Qiqajon Comunità di Bose, 2006.
• Crispino Valenziano, *Architetti di Chiese*, EDB, 2005.
• Franciscus Xaverius Funk, *Didascalia et constitutiones apostolorum*(사도 헌장), Bottega d'Erasmo, 1979.
• Giuseppe Varaldo, *La Chiesa Casa del Popolo di Dio*, Elle di ci, 1974.
• Louis Bouyer, *Architettura e Liturgia*(건축과 전례), Edizioni Qiqajon Comunità di Bose, 1994.

- Mario Righetti, *Storia liturgica*(전례 역사), vol. 1, Ancora, 1964.
- Vincenzo Gatti, *Liturgia e Arte*, EDB, 2001.
- 김광현, 『성당, 빛의 성작—전례와 공간』, 이유출판, 2021.
- 김영하, 『오래 준비해온 대답—김영하의 시칠리아』, 복복서가, 2020.
- 김인영, 『제대와 감실의 싸움』, 분도출판사, 1996.
- 김정신, 『건축가 알빈 신부』, 분도출판사, 2007.
- 니콜라스 판, 『르 코르뷔지에: 언덕 위 수도원』, 허유영 옮김, 컬처북스, 2013.
- 도미니크 스코토, 『주님의 식탁』, 정의철 옮김, 가톨릭대학교출판부, 2004.
- 로마노 과르디니, 『미사, 제대로 드리기』, 김영국 옮김, 가톨릭대학교출판부, 2003.
- 루돌프 오토, 『성스러움의 의미』, 길희성 옮김, 분도출판사, 1987.
- 미르치아 엘리아데, 『성과 속: 종교의 본질』, 학민사, 1983.
- 미르치아 엘리아데, 『종교의 의미—물음과 답변』, 박규태 옮김, 서광사, 1990.
- 손희송, 『일곱 성사, 하느님 은총의 표지』, 가톨릭대학교출판부, 2011.
- 엄동화, 『진리 치유의 길』, 월간독자 Reader 엮음, 흰물결, 2018.
- 요한 클리마쿠스, 『천국의 사다리』, 허성석 옮김, 분도출판사, 2020.
- 유현준, 『공간의 미래』, 을유문화사, 2021.
- 임석재, 『서양건축사』, 북하우스, 2012.
- 정도전, 『조선경국전』(朝鮮經國典), 올재, 2014.
- 제임스 F. 화이트·수잔 화이트, 『교회건축과 예배 공간—신학과 건축의 만남』, 정시춘·안덕원 옮김, 새물결플러스, 2014.
- 프란치스코 교황, 『기뻐하고 즐거워하여라—현대 세계에서 성덕의 소명

의 만남』, 정시춘·안덕원 옮김, 새물결플러스, 2014.
• 프란치스코 교황, 『기뻐하고 즐거워하여라 — 현대 세계에서 성덕의 소명에 관한 교황 권고』, 한국천주교주교회의, 2018.
• 한국천주교주교회의 전례위원회, 『로마 미사 경본 총지침』, 한국천주교주교회의, 2018.
• 한국천주교주교회의 전례위원회, 『미사 독서』, 한국천주교주교회의, 2017.
• 한국천주교주교회의 전례위원회, 『축복 예식』, 한국천주교주교회의, 2021.
• 헤르마스, 『목자』, 하성수 역주, 분도출판사, 2002.
• 히폴리투스, 『사도 전승』, 분도출판사, 1992.
• 『열두 사도들의 가르침: 디다케』, 정양모 역주, 분도출판사, 1993.

## 제4부 • 알기 쉬운 미사 전례

• D. Hans Lietzamann, *Sacramentarium Gregorianum*(그레고리오 성사집), Aschendorffsche Verlagsbuchhandlung, 1921.
• Douchesne, *Liber pontificalis*(주교 실록) v.1, E. De Boccard Editeur, 1955.
• Douchesne, *Liber pontificalis* v.2, E. De Boccard Editeur, 1955.
• Douchesne, *Liber pontificalis* v.3, E. De Boccard Editeur, 1957.
• 노기남, 『천주교 요리문답』(天主敎要理問答), 가톨릭출판사, 1962.
• 로마노 과르디니, 『거룩한 표징』, 장익 옮김, 분도출판사, 1976.
• 로버트 파빙, 『예수님의 성체성사』, 이건 옮김, 가톨릭출판사, 2004.

- 루이 에블리, 『어떻게 기도할 것인가』, 김병수 옮김, 가톨릭출판사, 1989.
- 아돌프 아담, 『성찬례 — 신앙의 원천이자 정점』, 분도출판사, 1996.
- 아우구스티누스, 『고백록』, 최민순 옮김, 바오로딸, 2010.
- 아우구스티누스, 『신국론』, 성염 옮김, 분도출판사, 2004.
- 안셀름 그륀, 『세례성사 — 생명의 축제』, 정한교 옮김, 2004.
- 앙투안 드 생텍쥐페리, 『어린 왕자』, 황현산 옮김, 열린책들, 2015.
- 에곤 카펠라리, 『전례와 일상의 거룩한 표징』, 안명옥, 들숨날숨, 2011.
- 요제프 라칭거, 『예수 그리스도의 하느님 — 삼위일체 하느님에 관하여』, 오희천 옮김, 월드북, 2007.
- 유스티누스, 『첫째 호교론, 둘째 호교론, 유대인 트리폰과의 대화』, 안소근 역주, 분도출판사, 2022.
- 이홍기, 『미사 전례』, 분도출판사, 2013.
- 쯔찌야 요시마시, 『미사, 그 의미와 역사』, 최석우 옮김, 성바오로출판사, 1990.
- 최호영, 『전례를 위한 음악, 음악을 통한 전례』, 가톨릭대학교출판부, 2017.
- 칼 H. 페쉬케, 『그리스도교 윤리학: 제1권 기초 도덕신학』, 이동호 · 방종우 옮김, 가톨릭대학교출판부, 2022.
- 테오도로 클라우저, 『서방 전례의 역사』, 김은주 옮김, 도서출판 아름다운, 2019.
- 프란치스코 하비에르 구엔 반 투안, 『지금 이 순간을 사랑하며』, 한림대 가톨릭교수협의회 옮김, 바오로딸, 2007.
- 하인리히 덴칭거, 『신경, 신앙과 도덕에 관한 규정 · 선언 편람』, 한국

천주교주교회의 옮김, 한국천주교중앙협의회, 2017.
• 한국천주교주교회의 전례위원회, 『로마 미사 경본』, 한국천주교중앙협의회, 2017.
• 한국천주교주교회의 전례위원회, 『미사 독서』(1~4권), 한국천주교중앙협의회, 2017.
• 한국천주교주교회의 전례위원회, 『복음집』, 한국천주교중앙협의회, 2017.
• 한국천주교주교회의 전례위원회, 『성주간·파스카 성삼일』, 한국천주교중앙협의회, 2018.
• 한국천주교주교회의 전례위원회, 『어른 입교 예식』, 한국천주교중앙협의회, 2018.
• 한국천주교주교회의, 『교회법전』, 한국천주교중앙협의회, 1989.
• 한국천주교주교회의, 『성체성사』, 한국천주교중앙협의회, 2005.
• 허균, 『홍길동전 전우치전 임진록』, 전규태 주해, 범우사, 1993.
• 히폴리투스, 『사도 전승』, 분도출판사, 1992.
• 『열두 사도들의 가르침: 디다케』, 정양모 역주, 분도출판사, 1993.
• 『한국 천주교 성음악 지침』(개정판), 한국천주교중앙협의회, 2017.